本著作为山东省社会科学规划研究项目——"管云端"时代移动互联网与大学英语教学相关性研究的阶段性成果，项目编号15CWXJ22。

"管云端"时代移动互联网与大学英语教学的融合路径研究

卢 兵／著

新 华 出 版 社

图书在版编目 (CIP) 数据

"管云端"时代移动互联网与大学英语教学的融合路径研究 / 卢兵著 . — 北京 : 新华出版社 , 2022.7

ISBN 978-7-5166-6348-6

Ⅰ . ①管… Ⅱ . ①卢… Ⅲ . ①互联网络 – 应用 – 英语 – 教学研究 – 高等学校 Ⅳ . ① H319.3–39

中国版本图书馆 CIP 数据核字（2022）第 130239 号

"管云端"时代移动互联网与大学英语教学的融合路径研究

著　　者：卢　兵

责任编辑：蒋小云　　　　　　　　　　封面设计：马静静

出版发行：新华出版社
地　　址：北京石景山区京原路 8 号　　邮　　编：100040
网　　址：http：//www.xinhuapub.com
经　　销：新华书店
　　　　　新华出版社天猫旗舰店、京东旗舰店及各大网店
购书热线：010-63077122　　　　中国新闻书店购书热线：010-63072012
照　　排：北京亚吉飞数码科技有限公司
印　　刷：北京亚吉飞数码科技有限公司
成品尺寸：170mm×240mm
印　　张：12.25　　　　　　　　　　字　　数：206 千字
版　　次：2023 年 3 月第一版　　　　印　　次：2023 年 3 月第一次印刷
书　　号：ISBN 978-7-5166-6348-6
定　　价：72.00 元

前　言

　　现代信息技术飞速发展使整个世界发生了巨大的变化,在很大程度上改变了人们的生活、工作和交流方式,并以其灵活性、便捷性和有效性对教育产生了重大影响。互联网为学习者提供了前所未有的学习机会,学习者不但可以共享学习资源,还能克服时空的障碍,这都为教育教学带来了新的前景。2015年以来,新一代移动互联网的基本架构已经形成,正处于逐步取代传统互联网的过程之中。新一代移动互联网的基本架构或者说核心技术即"管云端","管云端"时代的到来,为大学英语教学带来了机遇和挑战。基于此,特策划并撰写了《"管云端"时代移动互联网与大学英语教学的融合路径研究》一书,以期更好地推进大学英语教学改革。

　　本书共包含七章。第一章分析了移动互联网与大学英语教学融合的时代背景,介绍了"管云端"的内涵,探讨了二者融合的目的、意义、内容、主要观点以及价值。第二章分析"管云端"时代移动互联网影响下的大学英语教学,首先分析当代大学英语教与学的现状,进而探讨移动互联网对大学英语教学的影响,最后构建大学英语云端网络教学体系。第三章至第七章为本书的重点,探讨移动互联网支持下大学英语教学的方方面面。第三章对学习思维进行创新,在保证学生主体的前提下实施个性教学、自主学习与体验学习。第四章对教学模式进行创新,实行多模态教学、翻转课堂教学、慕课教学、微课教学模式。第五章对内容进行创新,包括大学英语知识教学、技能教学、文化品格教学,首先研究了各类教学的内涵,进而分析了移动互联网支持下各类教学的意义以及具体的教学策略。第六章建构了多元化的评价手段,分析了移动互联网支持下大学英语教学评价的意义、原则并构建多元评价体系。第七章论述了大学英语教师的专业发展情况,首先定位了移动互联网支持下大学英语教师的专业角色,进而探究移动互联网支持下大学英语教师的基本素质与专业发展路径。

本书基于移动互联网接入终端多样化、移动化、时间碎片化、用户大众化、网络泛在化等特点,对移动互联网支持下的大学英语教学相关理论进行梳理,以便于探索学习与借鉴,丰富大学英语教学理论、创新大学英语教学模式、提高大学英语教学质量,并提供了提升课内外学习效率、改革大学英语教学的创新策略与方法。总体来说,本书内容丰富翔实,语言通俗易懂,而且实用性极强,无论对于教师、学生还是专门致力于大学英语教学研究的专业人士而言,都有着很高的借鉴价值。

本书在撰写过程中,参阅了大量与本书相关的资料与文献,不可避免地引用了诸多专家或学者的观点,在此表示真诚的感谢。所引用参考文献已在书后列出,如有遗漏,还望谅解。因作者水平有限,本书难免存在疏漏之处,恳请读者批评改正。

作　者

2021 年 11 月

目　录

第一章　移动互联网与大学英语教学融合的时代背景

　　快速发展的现代通信技术在各个领域引发了巨大的革命,并以其灵活性、便捷性和有效性影响着现代教育,特别是大学英语教育的运行模式。随着互联网的出现,英语学习者有了更多的机会和选择,他们不但可以共享学习资源,还能摆脱时间和空间的束缚,这就为我国的教育和教学的未来创造了更多的可能。强化现代信息技术在教学中的应用,成了现代教育者们刻不容缓的任务。"管云端"时代的到来,对大学英语教学是一个变革性的因素,带来机遇的同时也在一定程度上挑战着传统互联网时代的大学英语教学模式。本章作为开篇,首先分析移动互联网与大学英语教学融合的时代背景。

第一节　"管云端"时代的内涵分析

　　新一代移动互联网的基本架构或者说核心技术即"管云端"。

　　"管"是指由运营商提供的通信基础服务通道、移动宽带服务等,也即我们通常所说的"网络"。

　　"云"则指基于互联网的存储、计算及应用,提供移动互联网服务的计算、存储基础设施,代表着信息技术发展的趋势和方向。"云"同样激发了"管"和"端"两个环节的新需求。

　　"端"是指用户的终端设备及上面的软件,是直接与用户打交道的部分,也就是与移动互联网最终用户直接接触的终端平台和交互界面。

第二节 "管云端"时代移动互联网与
大学英语教学相关性研究

一、研究的目的和意义

现代信息技术飞速发展使整个世界发生了巨大的变化,在很大程度上改变了人们的生活、工作和交流方式,并以其灵活性、便捷性和有效性影响着教育的智力。互联网为学习者提供了前所未有的学习机会,人们不但可以共享学习资源,还能克服时空的障碍,这一切为教育教学带来了新的前景。随着网络信息技术的发展,教育观念也在发生变革。当今我国及教育实现快速发展的目标是以网络信息技术推动教育现代化。《国家中长期教育改革和发展规划纲要(2010—2020)》明确指出必须高度重视信息技术对教育发展的革命性影响,并指出:为加快教育信息化进程,必须强化信息技术在教学中的应用,教师应提高信息技术应用水平,更新教学观念,改进教学方法;学生应提高运用信息技术分析解决问题的能力,并学会利用信息手段自主学习。信息技术的迅猛发展给我国大学外语教育带来了新的希望与挑战。对于大学外语教学来说,信息化教学改革更是备受关注。信息技术与课程的整合是信息时代占据主导地位的课程学习方式,信息技术与大学英语课程整合是推进大学英语由传统向现代教学转变的重要途径。

二、研究内容和重要观点

(一)主要内容

本书按照新语境、新改革、新问题、新思路四点一线,来探寻本书的源起,也就是新语境"管云端"催生新改革"大学英语教学",伴生新问题,如课堂碎片化等,寻求新思路,促进本书视域的拓展。

信息时代的信息技术可以说是日新月异的,进入 2015 年以来,新一代移动互联网的基本架构已经形成,正处于逐步取代传统互联网的过程之中。新一代移动互联网的基本架构或者说核心技术即"管云端"。

"管云端"时代为大学英语教学带来的机遇主要体现为：基于移动定位服务的趋臻，基于移动社交网络的多棱镜选择，构建基于移动应用程序的多维竞争空间。"管云端"时代为大学英语教学带来的挑战主要体现为：第一，引发传统大学英语课堂结构的"松土"；第二，大学英语教学的弱化与选择。

"管云端"时代与大学英语教学相关性的几点结论：第一，"管云端"时代的移动互联网对大学英语教学的影响比传统互联网更为深远；第二，大学英语教学与移动互联网之间除了紧密的正相关，还有着不可分割的负相关性；第三，"管云端"时代下的移动互联网始终是一项技术手段，在多大程度上能左右大学英语教学课堂，进而影响学生的英语发展能力，充满着不确定性；第四，"管云端"时代的移动互联网主要改变的是大学英语教学的生态而不是大学英语教学的内核。

本书从文献研究方法出发，重点以大学生、教师、课堂环境三个维度为准，紧密结合"管云端"新移动互联网技术的背景，将理论和实践相结合，探寻"管云端"新一代移动互联网与大学英语教学的内在相关性，为教学一线的大学英语教师进行教学改革提供可循的理论依据。

（二）重要观点

（1）"管云端"时代的移动互联网与传统互联网相比，具有开放性、便捷性等特点。其可以让用户在任何零碎的时间使用，应用多种服务，而应用服务位于移动互联网的核心地位，这些应用与终端的可定位与可移动等结合起来，为用户提供个性化服务。具体而言，包括移动社交网络、移动搜索、移动互联网拓展等。

（2）"管云端"信息服务新架构，不只是一种网络架构，更是一种新的信息服务平台架构，这种信息服务平台可以体现在大学英语教学过程中，也是新的发展战略的体现。

（3）随着移动互联网强大的可移动性、可定位和随身携带等特性不断被放大，其"侵入"大学英语课堂结构空间的力度也在不断加强。移动互联网的发展让大学英语课堂传统结构出现了松土化倾向，使课堂要素内部的自身变化更加复杂（学生和教师的关系、优秀学生和普通学生的关系），如出现丰富的 App 软件，为学生用户提供教学信息、视频等。这一方面"抢"了原先大学英语教师的"饭碗"，但另一方面又强化了参与感和被尊重感。管云端时代的移动互联网引发大学英语课堂更加激烈的方向性和分解性变化,毫无疑问复杂了大学英语课堂的结构要素。

(4)构建基于移动互联网大容量大学英语学习信息平台后,能够将大学生用户的数字档案与学生的全部信息加以存储,还可以为学生提供活动历时记录以及平台使用的管控信息等,而学生与学生、教师与学生之间的课堂练习、学生组织动员等也可以通过移动互联网的社交软件进行实现。对承担教学角色的教师而言,这促进了其涉及体系的维持和适应功能的发挥,但也确实打破了大学英语教师传统功能的垄断。

三、学术价值及应用价值以及社会影响和效益

（一）成果的学术价值和应用价值

"管云端"时代下大学生英语学习的特点主要激发学习者的主动性、自主性、个性化和协作性。利用现代化的移动技术可以使学生获取信息和资源变得更加便捷,从而大大改善了大学英语学习的环境,使教师不再是讲解知识的唯一主体,课堂不再是传授知识的唯一战场。

学术价值:基于"管云端"时代的发展特点,探究大学生英语教学模式的相关性研究,深入遵循一般大学英语教学模式的原理和逻辑,特别凸显"管云端"时代移动互联网发展的独特价值,丰富和拓展大学英语教育教学模式的相关理论研究。

应用价值:本书的研究成果,一是为提升大学生英语学习的有效性;二是针对"管云端"时代发展的新特点,为大学英语教学提供具有针对性的对策。概言之,研究"管云端"时代发展背景下的大学英语教学相关问题,有助于不断创新和完善大学英语教学方法和模式,对提升课堂有效性、培养具有国际事业的社会主义建设者和接班人具有重要的实际应用价值。

（二）社会影响和效益

作为当代社会发展的有力推进者,互联网已经成为社会存在必要的物质基础,与行业发生融合,影响着人类社会的方方面面,传统大学英语教育模式也不例外。如何转变传统大学英语教学模式以适应"管云端"时代潮流,成为当今大学英语教学面临的重大问题。本书对"管云端"时代移动互联网背景下大学英语教学模式转变进行探讨,以期推动

大学英语课程改革。

第一,本书厘清了"管云端"的基本概念,为大学生英语课堂教学改革提供了真实有效的时代背景,突出了现实感和未来意义,为大学生英语教学研究展现了新的视域。

第二,本书提出的基于"管云端"时代大学生英语教学的路径选择,既可以为学界的进一步研究提供学术思路和研究资料,同时可以应用到具体的大学英语教学实践中,也可以为各高校和研究机构人员的理论创新提供参考,为实施高质量、高效率的大学英语教学提供基本的理论支撑。

第三,本书研究成果可以不断推进大学英语教学的实践创新,将结合了"管云端"时代发展特点的大学英语教学建设融入中国特色社会主义建设进程之中,切实推动大学英语教学手段和模式向现代化方向发展。

第二章 "管云端"时代移动互联网影响下的大学英语教学研究

云端教学环境重塑了人类生活的各大层面,其必然会对教育领域产生影响。云端教学环境对于大学英语教学有着重要的意义,不仅仅是为了顺应潮流,更主要的是促进了大学英语教学的快速发展。在云端教学环境下,教室里的黑板变为电子白板,教室里每一名学生使用平板电脑经无线网络连接系统进行学习。因此,本章就具体分析"管云端"时代移动互联网对大学英语教学的影响。

第一节 当代大学英语教与学的现状分析

一、当代大学英语教学的问题

当代我国的大学英语教学取得了一定的成就,但是仔细分析,其仍旧存在一些显著的问题,具体来说主要体现在教学方式、教师、教材等多个方面。

第一,受"应试教育"的影响,学生的英语学习具有明显的功利性。在传统教学模式中,应试教育是一个基本的目标,其主要目的是让学生成功通过考试。例如,在大学阶段,学生特别注重四、六级考试成绩,因为在他们看来,通过四、六级考试,就能够顺利毕业。但是,这样的考试就失去了英语教育的作用,也很难提升学生的英语实际应用能力。

第二,不同高校的师资水平参差不齐,教师力量薄弱、匮乏。在大学英语教学中,教师是重要的组成因素,起着重要的引导作用。因此,教师素质高低,对学生英语学习的积极性有着直接的影响。但当前,很多学校的师资力量紧张,并且师资水平也存在差异,导致大学英语教学存在明显的师资问题。

第三,教学模式单一,教学方法不够科学。在当前的大学英语教学中,并未进行足够的分类指导,这与当前经济与科技发展对人才的需求并不相符。由于招生规模比较大,班级人数比较多,导致很难控制有效的教学活动,造成任课教师在教学安排、教学内容等层面采取了"一刀切"的办法,这很难凸显学习者的个体差异性,很难将学习者的兴趣和积极性激发出来,也压制了学习者学习英语的主动性。长此以往,学习者自主学习能力的培养成为一纸空谈。即便是一些基础较好的学生,他们也没有脱颖而出的机会,因此也很难培养自身的应用能力。

第四,英语教材陈旧落后,不适应我国的教学需求。从很大程度而言,教材决定课程的教学内容与方法,因此无论对于什么课程来说,教材的选择与运用非常重要,当然大学英语教学也不例外。但是,在我国当前的大学英语教材上,内容多是注重文字与争论,忽视了实用性。虽然当前我们也引入了大量的国外教材,但是这些教材与我国的教学需要并不完全适应。因此,我国的教材仍旧存在明显的弊端。

第五,教学设备陈旧,不能适应教学要求。一些条件比较差的大学,他们的多媒体教室比较少,并且设备较为陈旧,很难与大学英语教学要求相适应。多媒体教室的使用、更新、维修等还需要不断完善,一些教学移动硬件缺少,教学课件的引进、制作等还处于起步阶段,导致很多多媒体教室未得到应有的使用。

二、"管云端"时代大学英语学习的问题 [①]

我国对移动学习的研究起步晚,但是其发展速度却日新月异。当前,有关教育或学习类的软件(App)数量已经突破两万大关,对于移动学习或移动微型学习的相关研究也越来越多,主要集中在理论研究上,模式研究多半停留在模式构建的探索研究上,忽略了具体学习、教学模型的实施情况,但对移动微型学习方面的实证研究还十分少,以大学英语移动微型学习为基础的实例研究更是缺乏。通信技术的快速发展使信

---

① 卢兵.构建"管云端"时代大学英语有效教学体系[J].教育现代化,2017,4(51).

息的传播方式、传播形态发生了不可逆转的改变,微博、微信等形式的社交平台与慕课、微课堂等形式的教学平台不断普及、发展,这不仅仅是传播形态上的变化,更是传播模式的转变(单向传播为主向互动传播为主的转变)与传播效果的革新。新生代的学生,尤其是"00后"的学生被称为数字原住民,这些学生有着其自身的特点,当其面对以往固有的教学模式时,必然存在冲突。而智能手机等移动学习终端因其在现代大学生受到普遍欢迎而在辅助教学的优势更加凸显,专为大学生设计的供其学习的移动终端设计完善、配置较高,其强大功能为大学生学习英语提供了课堂内外丰富的教学资源,相比较传统的教学模式,学生们更易接受。欧洲著名脑研究者 GerhardRot 2011 年从神经学角度证明了小的学习单元内容以及频繁的重复学习是大脑支持的最佳方法。以移动智能终端为载体的大学英语微型移动学习,有着碎片化、便捷化等特点,正是迎合了 GerhardRot 所提出的小的学习单元与频繁的重复学习的观点,帮助大学生通过手机、iPad 等移动终端积极主动地学习课堂内外的知识,在完成课堂学习任务的同时,根据自己的喜好,扩大知识面,获取更大的信息量。

第二节　移动互联网对大学英语教学的影响

移动互联网技术在大学英语教学中有着非常显著的影响,并且在大学英语教学中得到了广泛的应用。在大学英语教学中,有三个基本的要素,即教师、学生、教学设施。随着移动互联网技术的融入,这三个要素都会相应地发生改变。

移动互联网技术在大学英语教学中有着非常显著的影响,并且在大学英语教学中得到了广泛的应用。在大学英语教学中,有三个基本的要素,即教师、学生、教学设施。随着移动互联网技术的融入,这三个要素都会相应地发生改变,不仅改变了教师的教学作用,也改变了学生的学习能力,同时还影响着教育设施的工作性能。

移动互联网技术对大学英语教学的改变主要有如下几点表现。

一、英语学习资源得到丰富

移动互联网技术为大学生提供海量的学习资源。当前,各种学习网站如雨后春笋般地出现,为教师与学生提供了各种参考资源,满足了学生的多样化学习需求。近些年,在教育部门的领导下,各大高校不断加强校园网与智能教室的构建,加强了在线共享精品课程建设,优质课程教学资源纷纷推送上网,师生可以分享不同高校的优质教学资源。网络教学资源、微课、慕课、精品在线共享课程等丰富多彩的教学资源和移动网络多媒体技术手段,为学生随时随地学英语提供了可能,海量的学习资源也激发了学生的英语学习兴趣。

二、教学管理更加灵活有效

首先,移动互联网教学使大学英语教学更加有趣,通过图文声像的结合,极大地促进了学生潜能的激发。与传统教学手段相比,移动互联网在创设情景上有得天独厚的优势。移动互联网教学将图文声像各大功能集合起来,直观地实现了信息传播的一体化与网络化,并得到了越来越多高校教师的认可。移动互联网有利于教师精选教学内容,设计教学过程,灵活组织学生开展英语学习活动,同时使课堂气氛始终处于活跃的状态。

其次,移动互联网辅助教学的推广,发挥了学生在英语学习中的主体作用。移动互联网教学充分发挥在线学习、翻转课堂的优势,学生可以不受时空的限制,自主确定学习时间,可以提前开展课程学习,也可以在课后开展巩固训练和拓展学习。移动互联网的快速普及,使学生可以随时随地学习英语,为学生灵活学习、碎片化学习提供了可能。学生成为学习的主人,其积极性、主动性得到极大激发。

最后,移动互联网在大学英语教学中的运用,提升了教学管理的效率。教师可以提前发布学习任务,将其上传到网络平台,提出学习要求,让学生提前进行预习,并检查学生预习的情况,核查学生预习的进度。课堂教学中,教师可以运用网络软件开展网上点名签到,告别对众多学生一一点名浪费时间的状况,学生手指一点,瞬间完成全班签到成为现实。教学过程中,教师可以实时监控学习进展情况,发现共性难点问题并及时解决。教师还可以因材施教,对不同情况的学生开展针对性教学。

第三节 大学英语云端网络教学体系的构建

一、云端教学在高校英语教学中的意义 [①]

(一)把教师从传统的烦琐的教学任务中解脱出来

在新的大学英语教学体系中,教师的备课更为方便。大学英语学习平台基于后台的支撑,提供音频、视频、文字等资源,由相关领域的专家、教师根据大纲要求、学生的实际需求等编排而成的,因此可操作性、针对性极强。因此,教师在备课时,可以节省大量时间用于课堂管理,从而为大学英语教学质量的提升埋下坚实基础。新体系中的大学英语学习平台的另一个重要作用是它为教师实施听说教学任务提供了有效的支撑和保障,使教师对学生进行科学的教学指导和评价变得更加便利。因为它不但能让教师在课堂上监控学生的学习状态和学习效果,还可以实现教师对学生的课后监控,以便更好地了解他们的作业完成情况以及在线学习的时间。由此可见,构建新的大学英语教学体系是实现教育现代化进程中的重要组成部分,特别是对于大学英语教师的积极作用是不容忽视的。

(二)有利于培养学生独立、自主的学习模式

长期以来,很多学生习惯了"满堂灌"的形式,因此丧失了学习的主动性与积极性,导致"教"与"学"严重脱节,并且教师付出与学生成绩不成正比。尤其是学生的学习也得不到理想的结果,因此产生了教学资源的极度浪费。而要想建立新的教学体系,尤其是新的大学英语学习平台出台之后,学生要想获得理想的学习资源,就必须对现有的资源库的检索、分析等功能有清楚的把握。由于平台提供的学习资源能够满足不同层次的学习者的要求,因此无论优等生和后进生都能找到自己的位置

[①] 卢兵.构建"管云端"时代大学英语有效教学体系[J].教育现代化,2017,4(51).

完成必要的学习任务,这个过程也是培养他们自主学习和独立完成学习任务的能力的过程,也是促使他们改变学习理念,从传统的被动学习者向新型的主动求知者转变的过程,其意义和重要性是毋庸置疑的。

二、"互联网+"背景下高校英语云端网络教学体系的构建

(一)构建"云端一体化平台"

1.建立开发机制

对高校而言,其人才培养的目标在于培养有技术的专业型、实践型人才。因此,大学英语教师可以采用"云端一体化平台"模式展开教学,需要建构相应的开发机制,在日常教学中需要时刻将实用性视作教学重点,一定要加强教学实践,让学生能够真正地学以致用。通过具体的实践,有助于教师对知识进行消化吸收,然后再清晰地进行表达。高校的英语教学在运用"云端一体化平台"模式时需要借助相关的教材,但是很多高校本身没有对英语课程进行清晰的定位,教材的选择没有针对性,较为随意,所以要想让英语课程有更好的教学效果,应该在这方面进行改善,选用英语教材时需要具有专业度,这样才能更好地提升学生的英语现状。

2.强化实践导向

"云端一体化平台"教学模式与传统的教学模式不同,其对教学的实践性非常重视,注重在理论上加强实践的引导,让学生学到的理论知识能够在实践中加以运用。对于高校而言,英语课程设置更加注重实践性,便于让学生有更多的机会参与实践,让学生自主地融入英语学习氛围中,而不是被动地接受课堂书本知识的灌输。同时,这样的设置也可以激发学生的学习积极性。与本科生相比,高职院校的学生英语基础较差,学习能力也有一定的差距,所以高职院校的英语教师在日常的教学中应该选用不一样的教学方式,制订更适合高校学生的教学目标,而"云端一体化平台"的应用则非常适合高职院校的学生,在强调实用性的基础上,能更好地培养新型技能型人才。

（二）实现"教、学、评一体化"

1.课前研究课标并设定目标

第一，集体备课，实现智慧共享。教师们可以设定时间召开微信会议，分配具体的任务，制订详细的计划，开展集体备课，对课程标准进行深入解读，对每节课的学习目标进行精准续写，为在线指导提供更为完备的资源，从而真正地实现资源共享。

第二，技术支持，实行深度教研。对每节课的教学流程进行精心的设计，制作微课、PPT、学习导学案等。同时，教师可以借助一些云教育平台、腾讯QQ等，开展在线答疑，确保学生在家里也能够获取优质的学习资源。

第三，翻转自学，有效展开预习。在上课之前，教师为学生推送微课、电子预习单，学生利用电脑或者手机等进行自学，教师根据学生的学习情况调整进度，完成教学任务，并对学生的自学情况进行评价。

在"教、学、评一体化"原理支撑下，教师借助线上教研方式，基于课标深度研读教材，制订学习目标，用合适的评价任务引导学生主动参与、自主探究，引发学生思考，激发学生学习力，为挖掘有深度的课堂和建设高效度的课堂做充足的准备。

2.课中做任务并进行及时评价

第一，明确目标，实行任务驱动。"教、学、评一体化"的前提在于目标清晰，从班级学生的思维水平、智力情况出发，确定学生不同的学习情况，进而设定不同层次的目标。教师提前将任务发送到班级学习群，让学生明确学习目标。

第二，推进板块式模式，实时在线直播。根据学习目标，教师设定相应的评价任务，展开板块式推进。启用"腾讯会议"直播进行在线教学，教师在线实时指导。教师可以实时监控学生的学习表现，通过及时的评价，反馈学生的学习情况，调整学生的学习状态，以便实施课堂内分层教学，打造有梯度的课堂。

第三，实行交互式合作，分层次展开教学。通过教学助手中的互动软件，进行学生与学生之间、教师与学生之间的交互合作，完成评价任务，并通过反馈对教学活动进行调整。同时，运用互动课堂中"随机挑人""小组评分""作品展示"等小工具,可以引导学生主动参与其中,让教师与学生之间可以展开有效的互动和交互。可以对课堂组织方式加以调整,开展小组合作形式,在课堂中完成小组讨论、汇报等环节,实现学生与学生之间的互助合作。课堂学习任务都可以通过互动课堂中的统计获取数据。解决课堂教学中学习监测难的问题。在云端教学中,教师通过评价反馈,设计一系列的学习活动,实行课堂分层教学,从学情、目标等出发,让不同层次的学生都能够逐渐掌握学习目标,形成多向互动的课堂教学局面,从而打造有梯度的课堂和营造有参与度的课堂。

3. 课后多提升与展示

第一,同步展示,学生之间进行互评。作业可以同步展示给班级中每一名学生,所以会定期采取学生结对互评的方式来进行作业互评和批改,让学生认识到差距,取长补短,优生的精彩作业展示也会给全班学生树立榜样。

第二,评价诊断,同时进行反馈总结。为提高教学效率,达到有效教学的目的,英语组每周一次线上听评课,制订观课量表,从多角度对教师"教、学、评一体化"课堂教学进行观测。开展评课教研,不断改进英语教学设计,提升课堂教学效率。

云端教学坚持以生为本,尊重学生个体差异,创设有温度的课堂。灵活采用多种方式让每节课目标最大限度地完成,人人有所获,所以学生兴趣浓厚、主动参与、自我体验、思维活跃,目标达成度高,以期建设高效度的课堂。

第三章 基于"互联网+"的大学英语创新学习思维

当前,互联网技术对人们的生活、生产等造成影响,对于传统的教学方式、教学理念等产生冲击,这给大学英语教学带来了新的活力。随着大学英语教学不断改革与进步,学生不断确立了自己的主体地位,因此在教学中教授给学生学习技巧是非常重要的。在"互联网+"背景下,大学英语学习模式需要与社会发展相适应,这样才能更好地拓展学生英语学习的内容、培养学生英语学习的兴趣和积极性。本章将分析基于"互联网+"的大学英语创新学习思维。

第一节 创新教学理念,体现学生主体地位

一、学生主体地位的彰显

所谓学生的主体性,是指在大学英语教学中,所有教学行为、教学设计都是围绕学生展开的,使学生处于大学英语教学的核心。学生在教学中的主体性与其主观能动性密切相关,人的主体性是其个性的展现。一般情况下,一个人的主体性越明显,学生对自己的认知越深刻,才更能知道自己应该做什么,怎么去做。

（一）学生在英语教学中的地位

学生在英语教学中应该占据主体地位,具体表现如下。

在英语教学过程中,教师和学生都是参与者,二者都是重要的主体,但是二者的主体所处的环境是不同的,教师是英语教学中起主导作用的

主体,其主要职责在于"教",而学生则主要为了"学",因此在英语学习中,学生是主体。在英语教学中,教师和学生是直接参与的两个主体,同时,英语教学中有些项目动作是需要英语教师和学生共同来完成的,因此只靠教师的教是无法达到教学目的的,需要学生的配合,才能使教学活动顺利进行并保证教学效果。学生在英语学习过程中的一个重要学习任务就是不断汲取英语的相关知识,如英语文化知识,这样才能对英语的理解和感悟不断更新升华,形成创新性的英语文化。与此同时,学生在英语文化方面也要具有一定的创造力,通过不断地创造,来使所学的英语文化得到良好的传承和发展。

（二）学生主体性在英语教学中的体现

学生在大学英语教学中占据主体地位,这是毋庸置疑的,著名学者苏霍姆林斯基"让每一名学生都抬起头来走路"的教育信条,就是凸显学生的主体地位。

学生在英语教学中的主体性主要体现在对教育影响的选择上。教师的教育影响很难让所有学生全盘接受,只有那些与学生自身特点、需求相符的教育影响,学生才能接受。学生有根据自身的意识,积极或者消极地加以选择的权利。在大学英语教学中,学生的主体性主要体现在其在英语学习中的独立性、自主性以及创造性上。

第一,学习的独立性。学生本身具有个性化特征,这就引起了学生在学习起点、学习目标、学习追求等层面存在明显的差异。因此,教师在大学英语教学中应该坚持因材施教的原则。

第二,学习的自主性。学生学习活动的自觉性、主动性是学生学习主体性的重要体现。大学英语教师的教学活动要建立在学生对英语学习的自觉性、主动性的基础上。

第三,学习的创造性。学生在英语教学任务的方式、方法、思路以及对问题的认识等方面的完成与实现,与教师所教的内容或方法并不是存在着绝对关系的,其中也包括将学生的一些创新性和创造性体现出来。因此,大学英语教师要在认同这种创造性的同时给予进一步的鼓励。

二、学生在课内外扮演的角色

在大学英语教学中,应该由教师与学生共同构成课堂平衡,强调二者之间的合作与互动,从而使这一系统稳定持续发展。具体来说,学生主要有如下几个角色。

（一）课堂系统的主体者

课堂系统的构建是彼此相互促进、相互依存的结果。学校里面的课堂系统一方面是要实现学生能力与知识的发展,促进学生在学校这一环境中能够自由全面健康地发展;另一方面,学校的课堂系统也是要实现教师的专业化发展。当然,促进学生的发展是主要方面。因此,在大学英语教学中,学生应该被视作课堂系统的主体,应该以学生的可持续发展作为中心,通过促进学生的健康成长来实现整个课堂系统的和谐发展。

（二）自我学习的开拓者

当前,教师占据主导地位、学生占据主体地位已经被大多数人认可。教师从成人的立场出发,通过较为成熟的世界观与人生观,对每一位学生的行为加以关注与了解,分析他们的具体需求。但是,对于学生而言,没有比自己对自己更了解,因此学生需要不断挖掘自身的需要,明确自己的发展方向。因此,在大学英语学习过程中,学生应该成为自己学习的开拓者,选择自己的学习方向与目标,然后有规律、有计划地开展自己的学习,这样才能更好地掌握英语知识。

第二节　开展个性教学,重视个体差异性培养

一、个性化教学的定义与特点

所谓个性化教学,即考虑不同学生的个性与英语水平,提升不同学生的学习积极性,培养学生的独立学习能力、独立思考能力、交际能力。在个性化教学中,教师需要对每一位学生的价值予以尊重,让他们将自身的潜力发挥出来,顺利使用英语展开交流。下面就具体分析个性化教学的特点。

（一）差异性

不同学生本身就存在明显差异，教师需要重视学生的这些差异性，从不同学生的特点出发展开教学，要尽可能将不同学生的潜力发挥出来，这就是所谓的个性化教学。也就是说，在个性化教学中，教师需要对学生的差异有清楚的了解，并努力解决这些差异。具体来说，大学英语个性化教学中的差异主要包含如下几点。

第一，教学对象的差异。如前所述，学生来自不同的地区，因此他们的英语基础必然存在差异，因此教学中需要重视这些差异，明确每一位学生的最近发展区是不同的。第二，教师教学风格的差异。教师自身的教育背景、生活经历不同，导致不同的教师形成了不同的教学风格。面对这些差异，师生之间应该保持人格平等。师生在人格上的平等，是学生发展独立人格的前提和基础，是教师展开教学的必要前提。同时，师生之间的人格平等还体现在对学生个体差异的尊重上，这样能够促进每一位学生的个性进步与发展。

（二）多样性

大学英语个性化教学需要具有多样性，具体来说可以总结为如下几点。

第一，教与学的多样性。既然大学英语个性化教学对于学生的差异予以尊重，那么在大学英语教学中，就不能仅仅参照某一模式展开教学，也不能仅仅使用一种评价手段，不能仅仅依据一种大纲，而应该从不同学生的需求出发保证教学的多样性。第二，英语技能的多样性。大学英语教学不仅要求学生掌握英语基础知识，还要求学生对基本技能的把握，努力培养学生具备跨文化交际能力。需要指出的是，每一位学生在每一种能力的发展层面也是存在明显差异的。

（三）针对性

在大学英语个性化教学中，教师需要考虑学生的个性需求，对他们展开个性化的帮助与指导。这体现出大学英语教学是符合学生的个性需求的，也能够将学生某一部分的特长发挥出来，从而提高整体教学的质量。具体而言，大学英语教学需要经常诊断学生的个性需求，在教学中发挥出教学智慧，从而对学生展开针对性教学。所谓针对性，具体包含如下几点。

第一,大学英语个性化教学的针对性主要受教育者的差异的影响。学生的智力水平、基础水平等存在差异,大学英语个性化教学的针对性就需要考虑学生的这些差异,让教学真正地深入学生的内心。第二,大学英语个性化教学的针对性是对"一刀切"教学模式的否定。教师需要从学生的个性、能力等出发,对教学内容、方法等进行选择,对教学活动与学生进行细致的分类。第三,大学英语个性化教学的针对性要求教师考虑学生的不同风格展开教学。学生的情感、生理等因素,会对学生的学习风格产生影响。学生的学习风格不同,主要体现在对信息的采集与加工上。教师需要根据学生不同的风格,对教学方案进行针对性制订,引导学生从自己的特长出发,选择适合自己的学习方式,对自己的学习缺陷进行弥补。第四,大学英语个性化教学的针对性并不是传统上的因材施教这么简单。因材施教的理念主要是面向个体学生,大学英语个性化教学针对的是全体学生,要对全体学生的差异予以关注,考虑全体学生不同的需求。

(四)交际性

语言是人类展开交往的工具和手段,且最根本的性质就是交际性。语言离不开文化,文化也在语言中有明显的体现。在大学英语教学中,语言与文化密不可分。因此,大学英语教学中需要融入文化知识,即不仅仅教授语言知识、语言技能,还需要将文化内容融入其中,这样才能帮助学生运用语言展开跨文化交际。教师需要考虑对学生文化素养的培养,从而传输世界文化知识。文化知识与适应能力是展开交际的关键,从本质而言,语言交往能力是深层次地获取文化知识的前提。

二、大学英语个性化教学的实现途径

大学英语个性化的教学方法,要注重实现以往传授为主的教学向以指导为主的教学转变,注重学生在职业和生活中英语综合应用能力的培养。教学方法要灵活多样,适应不同学生的个体差异。[①]

---

① 韩楠.大学英语教学体系构建与创新性研究[M].长春:吉林大学出版社,2020.

（一）情景教学法

情境教学法要求教师从学生的特点、教学内容出发，将具体情境融入教学，以帮助学生更好地发现与解决问题。情境教学法主要分为三个步骤，如表3–1所示。

表 3–1 情境教学法的具体实施步骤

主要步骤	目的	要点
情境创设	将问题进行呈现	教师通过运用多种媒体与手段，对特定情境进行创设，向学生提出问题
语言训练	对问题进行分析与准备	通过图片、动画等，教师将问题所需要的语言知识呈现出来，并设计与特定情境相关的语言训练，为学生完成学习目标做准备
情境运用	对问题进行解决	教师重新呈现开始的情境，而学生在具体的情境中运用语言，对问题进行解决；教师对学生的表现予以观察，并给予评价

（资料来源：陈冬花，2015）

如何创设与运用情境，也是决定教师的情境教学法运用能否成功的关键。

首先，紧扣教学目标，创设情境。创设情境是教师将教学目标进行外化，形成学生可以接受的情境。但是，很多教师在创设情境的时候，往往忽视了最基本的教学目标，导致教学情境与目标不相符，让学生很难把握教学目标，因此教师在创设情境时，必须认真研究教材，理解其中涉及的重难点，然后从教学目标出发来创设情境。当然，创设的情境应该与教材特点相符合，将重难点凸显出来。

其次，建立情境之间的联系。教师设计的情境要能够在大学英语教学中自由伸缩，即随着教学活动的开展，情境之间必须存在关联性，不能是孤立的。因此，教师需要整体把握整节课的内容，创设一个整体的教学情境，然后将各个小的情境进行串联。可见，教师在创设情境时，需要把握情境之间的连续性，使教学过程随着学生的情感活动不断变化与推进，从而进一步得到深化。

（二）多媒体教学法

多媒体是信息化背景下多种媒体的综合，也就是声音、文字、图形、视频、动画、影像等的结合体。将多媒体这一高端技术引入教学中，就产生了多媒体教学,是一种先进的教学模式。运用多媒体展开教学,并不是简单地将各种多媒体资料加以拼凑,而是教师根据教学目标、教学内容、教学对象等将声音、文本、图像、动画等不同形式的信息有机结合起来,并与传统的教学手段相结合参与教学过程,从而使教学效果达到最优化。教师在运用多媒体教学法时,需要把握以下几点。

首先,应该选择恰当的教学媒体。即使教学媒体相同,但作用于不同的教学内容时,教学效果也是不一样的。反过来,不同的教学媒体作用于同一教学内容,教学效果也是不同的。所以,在教学中要讲究多种教学媒体的协调使用。具体而言,在教学过程中,教师要将教学挂图、课堂板书、模型、演示等教学媒体协调穿插在教学过程中,这样才能让它们发挥各自的作用,从而提高教学效果。安德森的教学媒体选择流程图为教师选择合适的媒体提供了思路,如图 3-1 所示。

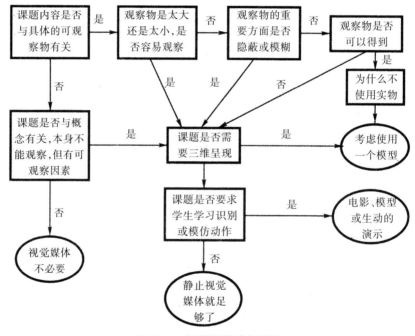

图 3-1　教学媒体选择流程

(资料来源:陈冬花,2105)

其次,在多媒体教学中应该抓住多媒体的最佳作用点与作用时间。多媒体技术在教学中的运用可以将教学内容中的声、像、色、光完美整合,形成令人印象深刻的视听效果,使枯燥的教学变得直观生动。但是教师在设计多媒体课件时,往往过于注重吸引学生的视听注意力,而忽视了教学内容,进而偏离教材,喧宾夺主。对此,在多媒体教学中应抓住多媒体的最佳作用点和作用时间,从而将多媒体教学独有的魅力彻底释放出来。

第三节 优化教学资源,实现自主学习与体验学习

一、优化网络资源

随着网络技术不断进步和发展,英语教学的面貌焕然一新,并且网络资源在大学英语教学中发挥了重要作用。同时,网络资源有什么特点,其对英语教学有什么优势,是当前需要研究的重点。下面就对其展开分析。

（一）网络资源的特点

相较于传统信息资源,网络资源是融合计算机技术、多媒体技术、通信技术为一体的技术,并且具备了强大的查询、发布、获取信息等功能。随着网络资源不断发展,人类的信息资源开发逐渐步入一个新的时期。作为一种新的资源形式,其不仅具有丰富性和复杂性,还具有如下几个特点。

首先,网络资源具有较强的时效性。从本质上说,网络资源改变了信息交流与获取方式,跳出了传统的出版概念,实现了无纸化时代。换句话说,信息的查询、获取等都是在无纸化的层面上展开的,对编辑出版的时间进行了缩短。因此,网络资源非常庞大,时效性也比较强,不必受到时空的限制,内容更新非常及时,便于使用者进行查询与运用。

其次,网络资源的信息容量大,便于查询。计算机是网络资源的重要载体,人们可以运用计算机进行查询与处理信息。这些载体相较于传统的文字载体,信息量非常大,其存取也是非常方便的。另外,网络资源的查询不受时空的限制,只要具备一台电脑,用户就可以在任何时间、任何地点进行查阅。网络资源的检索可以通过超文本链接的手段,形成一个网络链条,将不同国家、地区的结点相互连接,便于用户在复杂的信息中快速地获取信息。

最后,网络资源的交互功能非常强大,这可以营造出一种广泛的论坛氛围,人们也可以就某一主题在电子论坛展开讨论,网上也可以直接反馈读者信息,参与到这一主题的交流和讨论中。如果用户对某些资源存在意见,可以随时在网上进行交流,便于提高资源的质量。

(二)网络资源的优势

与传统的实体资源相比,网络资源具有无比的优势,由于其在大学英语教学中有重要作用,因此大学英语教学中的网络资源的优势也凸显出来。

首先,网络资源传播的速度非常快,而且更新速度也非常快。网络资源之所以如此庞大,当然是不断更新的结果。从广义层面来讲,网络资源涉及电子邮件、电子论坛、微博、微信、QQ等交流手段,通过这些手段,人们可以随时随地展开交流,获取自身需要的信息,提高自身的交际水平。与传统的图书、杂志相比,网络资源真正做到了及时。一旦有了新的新闻或者新的研究成果,人们通过网络就可以获知,这对于传统图书、杂志来说是办不到的。

其次,网络为师生提供了丰富的资源。网络资源是从人类联想思维的超文本结构出发来建构的,便于人们进行搜索。如果他们对搜索的信息不是很满意,那么还可以继续进行搜索,直到获取自身满意的信息。在搜索中,教师可以展开大学英语教学,从而帮助学生展开快速的认知,对学生不同的需求进行满足,提高教与学的效果。网络具有海量的信息,查找也非常方便,因此网络对于教师而言更容易开展个性化教学。教师可以依靠网络,为学生制订个性化的素材,让学生进行学习。具体来说,教师在准备素材时,可以搜索一些关键词汇,通过相关网站进行访问与下载。传统的纸质教材就相对来说比较落后,其编排的内容也与当今学生的个性化学习不相符,不利于教师展开因材施教。因此,教师需要花费一定时间,在网络上进行搜索与查找,对搜集的内容进行恰当选择,建构一个小型的语料库,这样才能实现真正地因材施教。

最后,大部分的网络资源都可以全球共享,并且很多信息都是免费的。即使有一些资源需要付费,那也比传统的图书、报刊等便宜。大学英语教师需要花费一些时间进行搜索,建立一个虚拟的图书馆,帮助他们储存内容。当教师在制作素材的时候,可以从这一虚拟的图书馆进行提取,这可以节省教师很多时间。

二、实施自主学习

(一)自主学习的定义

当前,自主学习不再仅仅作为一种学习方式在学习领域存在,并且其往往被视作一种课程论领域的课程目标,或作为一种教学论领域的教学方法。因此,有必要对自主学习进行界定。在这里,自主学习主要被视作一种学习方式,而学习方式是学习者比较偏爱的东西,是学习者在学习中表现出来的东西,是个人特色与学习倾向、学习策略的综合。

简单来说,本书所说的自主学习主要是基于教师的指导,运用元认知策略、动机策略与行为策略三大策略,进行主动学习的一种手段。一般来说,对于这一定义可以理解为如下几个层面。

(1)需要界定这三种策略。所谓元认知策略,即在获取知识的过程中,自主学习者在学习中制订学习计划、确定学习目标、组织自身的学习、对自己的学习进行监控与评价。这些程序使得他们的学习更具有自我意识性与见识性。所谓动机策略,即学习者展现的自我抱负与自我效能,以及对自己的学习是否感兴趣。在他人看来,学习者也是激发自己能力的人,他们越是努力,越是持之以恒,越能够坚持下去,越能够取得好的学习效果。所谓行为策略,即学习者对学习环境进行选择、组织与创造,他们向他人进行咨询,并寻找适合自己的信息,为自己创造合适的学习环境。他们往往通过自我指导来进行学习,通过强化自己,对自己的计划进行执行。

(2)对于这三种学习策略,学习者往往是自觉运用的,即他们在学习中都往往是有意识地对这三种策略加以运用,这就是虽然很多学生的学习已经涉及了自主学习的成分,但是还需要不断提及的原因。但是,很多学生的自主学习并不是有意识的,他们往往是无意识的。其主要表现是许多学生并不能说明其所运用的学习策略,或者是不明白其所运用的学习策略与其所取得的学习结果之间的关系,所以就有许多成绩好的学生不知道自己成功的经验是什么,而学习困难的学生不知道自己学习的障碍何在,应该从何处入手加以改进。而自主学习要求学生自觉地运用这些学习策略,必要时还需要对策略的使用做一定的记录并加强练习,以使学生对这些策略的使用熟练到自动化的程度。

(3)学生的自主学习往往需要主动,并且通过主动地学习来达到一定的成效。关于主动,首先表现在学生的学习动机被激发出来;其次表现在学生对各种学习策略的运用。而达到一定的成效即有效性,这主要表现在学生通过自主学习来不断提升自身的能力,他们能够随时考虑学习任务的难易程度,对学习方法进行调整;另外,还表现在他们不断提升自身的学习成绩以及自我效能感。当然,正如《自我调节学习:实现自我效能的超越》一书中多次提到的那样,学习策略的更新可能会造成学习成绩的一时下降,学生的自我效能感也会受此影响而暂时有所下降。这些都是在所难免的,因为每个人对学习策略都有一个适应的过程,关键是自主学习的最终结果能否提高学生的学习成绩及其自我效能。

（二）自主学习的意义

1. 自主学习是许多教育教学理论的理想,是人们教育教学活动所指向的目标

按教育教学理论,所有的教育行为都要通过学生自身的努力才能起作用。因此,促使学生积极主动的学习是所有的教育教学理论、所有的教学原则和教学方法的不二法门。[①] 学生积极主动的学习,从根本上来说就是指向自主学习的学习行为。现代的许多教育教学理论都把学生视为学习的主体,注意在教育教学中促进学生自觉学习,而且把学生们主动的自觉学习视为实现教育教学目标的主要的甚至唯一的途径。在这种理论背景下,如果能使学生自己确定学习目标、自己选择学习方法、自己监控学习过程、自己评价学习结果,那么就达到了教学的至高境界。而这恰恰是自主学习的基本要求。现代教学理论还十分重视学生在学习中的情感,许多学科的教学目标中都有情感态度与价值观的内容,重视情感体验,把情感体验与认知系统相结合以达到自我整合,这是自主学习的基本要求。由此看来,自主学习可以说是许多教育教学理论的理想,是人们教育教学活动所指向的目标。

从学生学习来看,系统性的文化知识能力的学习,本质上是一种个人行为,没有主体的有意参与是不可能成功的。自主学习要想取得若干成果,必须有学生的自觉参与,"机械学习"或"他主学习"则排斥或不

---

① 孙宏安.自主学习的理论与实践[M].北京：开明出版社,2003.

注意学生的自主参与。可见,所有的教学行为也都应指向学生的自主学习。由此看来,任何一种教学模式、任何一种教学方法,本质上都应以促进学生的自主学习为目标。

2. 自主学习是推动创新精神发展的动力

人的发展表现在各个方面,对于现代社会而言,特别看重的是创新精神。自主学习对创新精神的培养有"推动发展"的功能,所以本书视之为"发展的动力"。[①] 创新现在受到了空前的重视:经济的发展贵在创新,科学技术的发展贵在创新,一个民族的昌盛也贵在创新。

在 21 世纪,这个面临知识经济挑战的时代,国家的创新能力是关系到一个国家综合国力和国际竞争力、在世界总体格局及经济全球化中的地位的重要因素,国家的竞争归结为创新能力的竞争。因此,提高创新能力就成为各级各类教育的重点,为此就必须提倡并培养创新精神。创新精神的培养可以从"策略机制"入手,实际上创新精神的培养工作也的确是从策略机制出发的。在教育教学中按照创新的策略机制,可以对自主学习的教学过程进行解释,也就是用自主学习的要求解释按照策略机制进行创新教育培养的问题。

(三)大学生英语自主学习的实现途径

1. 改变单一的教学模式

传统的教学模式比较单一,往往采用的是教室 + 板书的形式展开教学。但是,在新时代,这种教学模式已经不适应大学英语教学的要求,需要改变传统的教师单纯讲授的教学模式。对于教师来说,他们需要创造多媒体教学环境或者网络教学环境,利用先进的教学资源,改变单一的教材、参考书模式,使学生能够在多媒体教学环境或者网络教学环境中对网络课程资源进行主动挖掘,对有效的网络知识进行主动地学习,从而不断提升自己的自主学习能力。

2. 激发学习兴趣

心理学上,兴趣的含义是指个体对某人或某事物所表现的选择时

---

① 孙宏安 . 自主学习的理论与实践 [M]. 北京:开明出版社,2003.

注意的内在心向。兴趣与动机是紧密联系的：一方面，二者都可视为引起个体行为的内在原因；另一方面，二者又有一定区别，动机所促进的行为虽趋向某一目标，但目标未必一定能达成，只有因动机而产生的行为获得了目标的达成，个体才会产生对某一行为的兴趣。因此，兴趣可视为动机的定向，而动机之所以定向，是由于行为后获得了满足。兴趣就其内容来看，是一种个性心理倾向；就其过程来看，是一种情绪状态。[①]

课堂讲授一般来说，除了要求对知识的科学性、严谨性外，一般还具有表演性、创造性、审美性和情趣性的特征。在课堂教学的过程当中，由于教学内容的差异，讲授方式是千差万别的：有时适宜"平铺直叙，直奔主题"；有时可以"故设悬念，意在言外"；有时只需学生"披文入境"，教师"适时引领"；有时必须"师生多重合奏，擦碰火花"；有时可以"精雕细刻，点、面俱全"；有时需要"大刀阔斧，重、难突出"；有时讲究"抽象思维，逻辑推理"；有时应该"借助形象激发兴趣"。讲授的境界就是对综合效果的整体追求，就是为了达到最优讲授效果而设计的最佳美学结构、逻辑结构、表达结构。当然，讲授的过程也是一个人的知识水平与才华技艺的集中表现。一般来说，激发自主学习兴趣除了知识讲授准确、科学外，还应把握好以下几个方面。

（1）方案设计。教学是艺术，就是体现追求"怎样讲更好"。为了激发学生学习兴趣，教师应该针对每一个课题多设计几个讲授方案，以适应千变万化的学情及情境。

（2）导语设计。苏联著名教育家赞科夫曾在《教学与发展》一书中指出："教学法一旦触及学生的精神需要，这种教学法就能发挥高度有效的作用。"导语设计得好，也能激发学生的兴趣，使一堂课有一个良好的开端。好的导语像磁石，能把人们分散的注意力一下子聚拢过来。好的导语又是思想的电光石火，能给学生以启迪，催人奋进。

3. 更新学习观念，自我总结与反思

自主学习论不仅对当今信息时代的社会变化做了分析，还系统地介绍了学习的知识、方法，更重要的是强调了成人学生如何在全新的网络教学环境下，真正理解信息时代学习所发生的深刻变化，更新自己的

---

① 籍俊慧.引导小学生自主学习英语的策略研究[M].海外英语，2017，（16）.

学习观念,学会运用学科的学习观念指导自身的学习和发展,总结和反思已有的学习经验,了解自己的学习类型、特点和个性,从而发挥自己的优势,克服障碍,激发自己学习的兴趣和动力,学会主动捕捉知识,学会自主学习,学会主动利用现代信息技术高效地学习,提高自己的学习效率。

三、实施体验学习

(一)体验学习的定义

当对一个词或一个概念下定义而需对其仔细审视时,很快就会发现,它的含义会变得含糊不清,甚至我们越深入研究,就越模糊难辨。"体验"一词也不例外。那么,让我们先来看看词典上的解释,或许有所帮助。

牛津词典上这样定义"体验":"对某种状况或条件的影响的有意识接受;对某个事件的影响的有意识接受;对某种状况或条件的主观看法;影响某人的某个事件;通过实际观察或亲身经历获得的知识。

词典的解释提供了一个起始点,但撰写了大量有关体验的文章并建立了图书馆索引系统的约翰·杜威(1925)说道:"体验是一个灵活多变的词。其灵活性反映在很多思想家矛盾的性格中。"①

牛津词典对"体验"一词的解释把行动与对行动的感觉和思考联系了起来。更确切的说法如库费罗(1995)强调的:行动和思考不是体验的两个不同方面。我们不能先行,而后在行动结束时再去考虑结果。要强调的是这二者不能分开对待,因为他们互为解释,相互联系。

作为最先(尚有争议)指出体验对学习的作用的人,杜威在其所著的许多书名中使用了体验一词,如《体验与自然》(1925)、《体验式艺术》(1934)以及《体验与教育》。库费罗(1995)认为杜威把体验看作一种透镜去分析人与环境之间的互动关系。通过这种方法,杜威将诸如人与自然、主观与客观、知与行、身与心等对立面或二元元素结合在一起。这样极端之间产生了联系,体验的概念把延续性、过程和环境结合为一个

---

① 　科林·比尔德, 约翰·威尔逊.体验学习的力量[M].黄荣华译.广州:中山大学出版社,2003.

有机的整体。

正如许多作家们描述得那样,体验与学习有着紧密的联系。威尔逊(1999)将学习定义为"正式教育或培训或非正式体验所引起的知识、态度或行为的相对永久性改变"。同样,科尔博(1984)解释说:"学习是通过体验转化获得知识的过程。"[①]

因此,体验与学习是相互紧密联系且不可分的。从诸多方面来看,体验和学习指的是同一件事情,因此体验学习是同一思想的同义反复和重复。我们可以将体验学习定义为"人们在以往的体验和知识的基础上,通过自己对经历或事物的观察有意识或无意识的内化中获得的洞察。"

(二)体验学习的基本模型

1.认知方法／学习方法模型

体验学习的有效性体现在其与人的认知、人的情感、人的身体有着密切的联系。并且,体验学习就发生于这三种认知方式的结合之中,如图3-2所示。

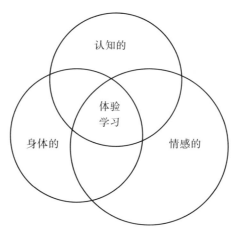

图3-2 认知方法／学习方法模型

(资料来源:黄天中,2009)

---

① 科林·比尔德,约翰·威尔逊.体验学习的力量[M].黄荣华译.广州:中山大学出版社,2003.

2. 赫伦模型

英国心理学家约翰·赫伦(John Heron)强调,体验学习中应该注重情感,并将情感纳入其范畴之中,如图 3-3 所示,这一模型是建立在原始经验的基础上,是一个"情感"的步骤。第二步是想象,即将来所发生的情况往往通过想象、直觉等体现出来。第三步是概念,是通过语言或者语言符号对所学的科目进行解释。第四步是行为,是通过具体的行为来进行学习的过程,要做到知识与行动的统一。也就是说,在赫伦看来,只有将情感动起来,体验学习才能够发生。

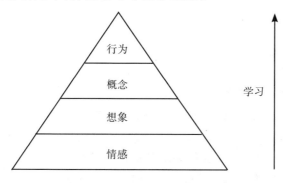

图 3-3　赫伦体验学习模型

(资料来源:黄天中,2009)

3. 舒适区域模型

很多学者都提到了舒适区的概念,这一概念认为如果学生从舒适区域走出而进入学习区域之后,就往往产生了学习这一过程。学习区域中会涉及一些不熟悉的层面,这时候就会产生兴奋与刺激,从而不断提升学生的深度学习机会。当学生离开学习区域,进入恐慌区域的时候,这种学习过程往往会被削弱。不过不得不说,学习者要想有效进行学习,必然需要走出舒适区域。图 3-4 就是舒适区域、学习区域、恐慌区域的关系。

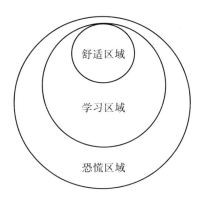

图 3-4　舒适区域模型

（资料来源：黄天中，2009）

4. 刺激模型

学者耶基斯与多德森（Yerkes & Dodson）很多年前就对刺激理论进行了研究，这一理论如图 3-5 所示，强调行为与刺激之间的关系是二次项的关系，是一种线形的关系，并且构成了一个倒立的 U 形结构。也就是说，如果增加学生的刺激，那么他们的热情也会随之增加，直到某一最理想值的出现。如果刺激继续增加，他们的学习热情就会逐渐减少。在使用这一模型的时候，很多学者就往往将最理想值标记成"学习区域"。

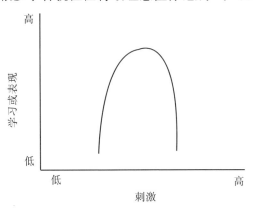

图 3-5　最理想刺激模型

（资料来源：黄天中，2009）

5. 灾变理论模型

这一模型是在刺激理论的基础上产生的。灾变模型理论认为,如果学生受到过度的刺激之后,尤其是出现焦虑之后,他们的学习热情往往会减少,并且出现剧烈的下降,如图 3-6 所示。在舒适区域模型中,很多学者将其称为"恐慌区域",学生们往往在恶劣的环境中感到恐慌,导致他们退缩甚至很可能放弃学习。

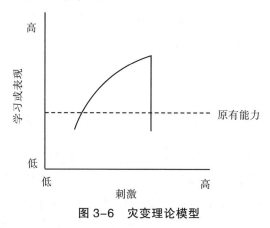

图 3-6 灾变理论模型

(资料来源:黄天中,2009)

6. 自我效能模型

自我效能主要是一个人履行预期要求能力的个体概念,这一概念主要包含图 3-7 的四个层面。按照学者班杜拉(Bandura)的观点,在这四个层面中,先前的经验是最强有力的层面,只有具有有益的先前经验,才能对后期的体验产生有利的影响。如果先前体验是消极的,不是有益的,那么他们后期的体验也是不利的体验。因此,要想确保体验的有益性,往往需要通过相同的体验来进行鼓励,给予反馈(即言辞劝说),并为人们提供令人激动的环境(即激励)。一般来说,前期的学习任务准备工作、之前的课堂作业、学生课外的学习经验、学生在课内的活动以及教师对学生课堂内的指导等,都能够在自我效能中发挥作用。

图 3-7　自我效能理论模型

（资料来源：黄天中，2009）

（三）大学生英语体验学习的实现途径

1. 实施实时交互与协作

在新时代，教师与学生之间可以通过网络进行实时的交互，学生可以通过网络将自身的感受与心得发布出来，或者在网络平台中获取他人的经验，教师也可以根据学生的反馈信息，把握学生学习中的重难点，从而给予学生一定的指导，帮助学生更好地习得知识。由于网络平台不受时间、地点的限制，学生与教师或者其他学生甚至专家可以实时进行沟通，学生之间也可以组成学习的小组，进行分工合作，从而真正做到不同学生之间的取长补短。

2. 创建个性化的学习环境

体验学习主张将学生的个性特点发挥出来，让学生在学习中不断成长。在新时代，网络资源的运用可以为学生的个性化体验学习提供必要的基础和条件。众所周知，不同的学生个体之间存在差异性，因此他们在学习中所需要的学习资源也是不同的。传统的大学英语课程往往由于各方面的限制，很难与每一位学生的需要相符，导致教学处于一个硬性的统一状态下。在网络环境下，教师可以为学生设计不同的体验性活动，让学生对自己的学习享有自主权，学生也可以从自己的兴趣出发进行学习。这种学习能够不断提升学生的成功体验，增强学生的自豪感与自信心。

3. 开展网络游戏化教学

所谓网络游戏化教学,即借鉴游戏自身的挑战性、自主性等特点,将大学英语教学目标隐藏其中。教师可以从不同学生的学习情况出发,采用相应的游戏化教学策略,让学生在娱乐中掌握学习,让学生在放松的状态下对一些英语知识与技能加以掌握。游戏化教学往往建立在网络环境基础上的,通过网络,教师能够构建更为逼真、有趣的学习空间,让学生在网络中扮演不同的身份和角色,对语言交际中所运用到的规则与知识进行体验等。

第四章　移动互联网支持下大学英语教学创新模式

移动互联网技术已经成为 21 世纪人们基本的生活环境。从信息化的高度来说，人们正在运用移动互联网技术进行教育体制、教育模式的改革，而这种改革在大学英语教学中也有明显的体现。互联网技术的运用扩大了大学英语教学的时空界限，提高了大学生学习的兴趣和积极性，传统的大学英语教学模式已经不能适应互联网时代的要求，急需进行变革，而这时新的教学模式登上舞台，本节就对这些创新模式展开分析和探讨。

第一节　移动互联网支持下大学英语多模态教学理论的应用

一、多模态教学的界定

所谓模态，即交流的渠道与媒介，是一种囊括语言、图像、技术、音乐等符号的系统。多模态教学模式是建立在多模态话语分析理论的基础上的。20 世纪 90 年代，西方学者提出了多模态话语理论。这一理论指出，语言属于一种社会符号，音乐、绘画等非语言符号对语言意义的生成起着重要的影响作用。各种语言符号与非语言符号模态之间是相互独立也是相互影响的关系，共同生成语言意义。

在多模态话语分析理论的基础上，新伦敦团体（New London Group）提出了多模态教学方法。其作为一种教学理论，涵盖了多种符号资源，如声音、视觉、图像等。根据多模态语言理论，语言的输入、输出会受到多种符号模态的影响,因此在大学英语教学中,可以将多种符号模态融合起来,结合音乐、图像、网络等形式,丰富大学英语课堂,调动学生学习的积极性与主动性,从而交互式地学习英语语言,达到对英语语言的充分记忆以及恰当应用的目的。

在移动互联网支持下,教师采用多模态教学,可以充分运用网络多媒体等手段,创设各种语言学习情境,让学生真正体会到语言学习的乐趣,多渠道地激发学生的听觉、视觉等感官,为学生提供全方位浸染式的环境,促进学生不断提升自身的语言技能。

二、多模态教学的基本原则

(一)坚持"学生中心"这一核心原则

在大学英语多模态教学中,"学生中心"是最为核心的原则。所谓"学生中心",即做到以学生为中心,发挥学生的主体性与能动性。在大学英语多模态教学中,学生是学习的主体。要想实现"教学相长",就必须将学生作为中心来促进教师的教学,让教师对学生的学习进行指导。在教学的内容上,教师需要将学生的积极性与主动性调动起来,学生可以根据自身能力、自身认知等层面的具体情况,结合教师的指导,对自己的学习策略进行调控,从而与教师的教授形成良性的互动。

(二)建立以对话为主的格局

教师与学生之间的对话是基于网络时代建构起来的,大学英语多模态教学模式要建立在以对话为主的格局之下,这是其内核。具体来说,教师教学的效率、学生学习的能力、学生国际素养的培养,都与教师之间的良性对话有着密切的关系。其中,通过网络资源优势,为学生设计与他们相符合的互动活动,引导学生展开多元层次的互动,构建传统教学与网络教学结合的新型模式,是教师值得关注的方面。当前,最关键的层面在于不断更新与变革教师的教学理念,如果不变更这一点,那么无疑就是"穿新鞋,走老路"。

(三)以跨学科为视角,坚持多元创新原则

在移动互联网支持下,大学英语多模态教学要从跨学科的角度出发,采用多元的教学手段与模式,将学生的学习潜能充分地调动起来,积累学生的知识储备,便于他们形成良好的语言能力与国际文化素养。多元化与单一化是相对的概念,多元化的提出主要是基于不同学生的个性特点、学习特点提出的,在这一过程中,人的大脑会受到各种刺激,逐渐构筑自己的知识结构。由于这些认识并不是来自某一个事物,而是来自不同的事物,导致人与人的知识结构也出现了差异性。因此,在了解学生具备多元智能维度的基础上,从新的技术手段出发,通过多元教学方式,提供给学生多元化的刺激,从而让学生对大学英语学习有新的认知。

三、实施大学英语多模态教学的意义

首先,大学英语多模态教学将多种符号模态引入大学英语教学之中,对学生的多种感官进行刺激,让学生将多种感官应用到大学英语学习之中,对自己的信息输入加以丰富,让学习者直观地接收、记忆学习内容。与单一的语言讲解相比,多模态教学能够提升学生的记忆力。其次,从多模态表现形式的需求出发,大学英语多模态教学往往采用的是不同的教学手段,对教学形式加以丰富,避免大学英语教学过于单调。这样的方式可以将学生的学习积极性调动起来,通过参与各项活动,学生的英语学习也变得更为主动,便于学生形成自主学习的意识。同时,学生的参与也能够不断训练他们的综合能力。最后,大学英语多模态教学能够对传统单一的模态教学进行弥补,从教学目标、教学内容出发,采用不同的教学方法,用直观的方式,让学生主动、积极地参与其中,提升他们对语言使用的效率,进而提升学生的综合运用能力,从而最终实现大学英语多模态教学的意义——革新大学生学习的模式,提升大学英语教学的质量。大学英语多模态教学是将多种模态结合起来展开教学,将学生的各个感官调动起来,让学生对学习内容有清楚的理解,在同样的时间内,多感官要远远比单一的感官更容易理解与记忆。这从一定程度上大大提升了教学的效率和质量。

四、大学英语多模态教学的应用策略

大学英语多模态教学作为一种新型模式,充满着活力,在移动互联网支持下必将日趋完善。那么下面就来具体分析大学英语多模态教学

的构建策略。

（一）充分发挥多媒体资源的优势

在大学英语教学中引入多媒体技术，是大学英语教学的一种变革手段。多模态教学强调调动学生的多项感官，从而满足大学英语教学的要求。多媒体课件正是这样的一种实现手段，其将文字、音频、视频等集合起来，便于调动学生的多种感官。当然，教师在制作多媒体课件的时候，需要进行多种准备，需要考虑不同的教学任务，对各种资料进行搜集与设计。

（二）建构大学英语多模态网络空间

随着网络技术不断进步，大数据技术也不断革新，我们的校园网、校园论坛更加丰富，也被人们逐渐应用到教学中。所谓网络空间教学，即教师通过网络平台与学生展开交流与互动。他们可以在网络上进行实名认证，便于师生之间展开交流。

2015 年河南牧业经济学院创建了网络教学平台系统，这一系统是在 Sakai 教学平台的基础上研发的远程教学系统，该系统采用"引领式再现学习"的理念，通过论坛、课程空间等形式，在教师、学生、学习资源之间构建了一个交互渠道，调动了学生的多种感官，激发了学生学习的积极性，从而实现了多模态教学。

通过英语网络空间教学，教师与学生之间可以突破时间、地点的限制，他们可以在线进行问答，展开互动，这样不仅便于教师了解学生的学习情况，也能增进彼此之间的关系。

通过网络空间，教师也可以对学生的作业进行批改。学生按照固定的时间提交自己的作业，然后教师进行批改与反馈，这不仅可以节约用纸，还可以让师生进行互动。

需要指明的是，网络空间要想发挥出应有的作用，首先必须让学生积极参与其中，学生需要登录上去完成学习和作业，教师要实时进行分析和阅读，从而评估学生的学习情况。

第二节　移动互联网支持下大学英语翻转课堂教学模式的机制健全

一、翻转课堂教学的界定

当前,已知的最早的翻转课堂模型就是图 4-1 所示的罗伯特·塔尔伯特(Robert Talbert)教授的模型,其最早是在"线性代数"课程中应用了这一模式,并且效果显著。

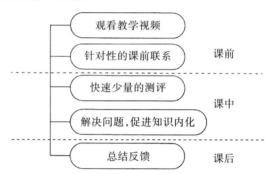

图 4-1　罗伯特·塔尔伯特的翻转课堂教学结构图

（资料来源：孙慧敏、李晓文,2018 ）

这一模型为后续学者、专家进行教学模式探索提供了基本思路。

那么,到底什么是翻转课堂教学模式呢？有人将其定义为一种在线课程,也有人将其定义为传统课堂顺序的颠倒,并未实质进行变动。但是,这两种观点都不准确。实际上,翻转课堂的核心在于教学视频,但是教师在其中也仍旧发挥重要的作用,因此不能将翻转课堂定义为一种在线课程。在传统的课堂中,教师充当知识的灌输者,但是翻转课堂是将知识传授予以提前,而将课后需要练习的内容转移到课堂之中,学生与教师或者其他学生在课堂上可以进行探讨。这种颠倒实际上是为了让学生对知识进行内化,这才是翻转课堂的内涵所在。

二、翻转课堂教学的理论

（一）掌握学习理论

所谓掌握学习，即学生在自身掌握足够的时间与最佳的学习条件的前提下，掌握学习材料的一种手段。这一理论是由卡罗尔（John Carroll）提出的，并且卡罗尔认为，学生的学习有得比较快，有得却很慢，但是只要为他们准备充足的时间，那么他们都会学会的。

之后，布卢姆（B. S. Bloom）在卡罗尔的理论的基础上，提出了"掌握学习"教学法，[①] 这一理论对后期的教学模式改革提供了帮助。在布鲁姆看来，掌握学习的核心在于学生之所以未取得好成绩，并不是他们的智力不够，而是因为他们的时间不足。因此，只要给予他们充足的时间，那么他们的智力就会被激发出来，就会完成学业。[②]

（二）学习金字塔理论

美国学者埃德加·戴尔（Dale Edgar, 1946）率先提出"学习金字塔（Cone of Learning）"理论，他用数字形式形象显示了学生采用不同的学习方式在两周以后还能记住的内容多少（平均学习保持率），如图4-2所示。[③]

由图4-2可以看出，学习方法不同，其学习效果也必然不同。并且通过分析可知，其能够揭示出传统灌输学习转向体验式学习是如何影响学生学习的，也能够为学生提供提升学习效率的路径。

三、实施大学英语翻转课堂教学的意义

（一）真正做到以学生为中心

翻转课堂教学模式是对传统教学场所、教学时间等的改变。通过这一教学模式，教师将讲授的媒介转向视频，学生通过自学来获取知识。教师可以通过Facebook、Twiter等为学生提供资料，学生可以在网上对

---

① 　Bloom, B. S. Learning for mastery[J]. *Evaluation Comment*, 1968, (1).
② 　布鲁姆等. 教育评价 [M]. 邱渊等译. 上海：华东师范大学出版社, 1987.
③ 　Dale Edgar. *Audio-Visual Methods in Teaching*[M]. New York: The Dryden Press, 1954.

这些资料进行获取,从而主动进行学习。课堂成了学生与教师、其他学生之间交流的场所,从而激发学生的探究学习、协作学习。

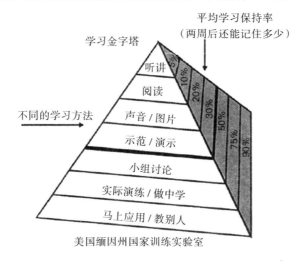

图 4-2　学习金字塔理论

(资料来源:孙慧敏、李晓文,2018)

(二)让学生的学习更为自主

在翻转课堂教学的课前学习部分以及课堂的任务活动部分,都需要学生参与其中,这不仅仅是让学生对学习负责任,还是让学生认识到只有通过学习,才能够与教师或者其他学生展开探究。这时候,学生从被动地学习转向主动地学习,从而培养他们的自主学习意识。

四、大学英语翻转课堂教学的应用策略

(一)对英语教学过程进行科学设计

美国创新学习研究所(Innovative Learning Institute, ILI)提出了翻转课堂设计流程。ILI 认为,翻转课堂的设计过程主要包括如下几个层面。

第一,确定课外学习目。

第二,选择翻转课堂的具体内容。

第三,选择翻转课堂传递的手段。

第四,准备翻转课堂教学的资源。

第五,确立课内学习目标。

第六,选择翻转课堂评价的手段。

第七,设计具体的翻转课堂教学活动。

第八,辅导学生展开学习。

(二)对英语教学资源展开合理开发

从广义层面来说,教学资源指的是用于教学的材料以及相关的人力、物力、设施等,能够帮助个体展开学习的任何东西。随着科技的进步,信息化教学资源呈现出来,指的是在信息技术环境下,为了实现教学的目的,而出现的各种教学资源,如人力资源、信息资源等。

随着信息化资源的不断丰富和在教学中的不断应用,人们逐渐提出了翻转课堂的教学理念,从上述翻转课堂的过程可知,要想实现翻转课堂,需要具备一些基本的教学资源,如教学视频、阶段训练、学习任务单等。

当然,要想实现翻转课堂,除了需要具备上述一些资源外,还需要考虑借助一些软件工具,这类资源贯穿于翻转课堂教学的全过程。这些软件的作用在于帮助教师设计教学视频,帮助师生展开协作交流、展示学生的学习成果等。

第三节　移动互联网支持下大学英语慕课与微课教学模式的探索与构建

一、移动互联网支持下大学英语慕课教学

(一)慕课教学的界定

所谓慕课,英文是 MOOC,是"大规模在线开放课程"的简称。从 Wiki 百科中我们可以查询到,慕课指的是由参与者发布的课程,并且人们可以在网络上查询到。也就是说,慕课的课程是开放的课程,慕课的课程非常宏大。简单来说,慕课的课程具有分享性,无论人们处于世界任何一个角落,都可以进行学习与下载。与传统课程相比,慕课课程有

图 4-3 所示的优势。

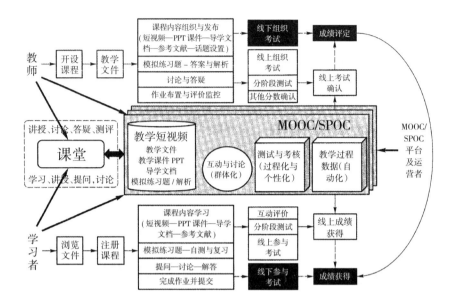

图 4-3　慕课教学与传统课堂的比较

（资料来源：战德臣等，2018）

慕课既然用 MOOC 表示，其可以理解为如下四个层面。

M 是 Massive 的简称，指的是规模比较大。那么这个规模比较大具体指的是两种：一是人数比较多，二是资源规模比较宏大。当然，这个"大规模"也是相对来说的。

O 是 Open 的简称，即慕课课程的开放性，学生可以根据自己的兴趣选择学习课程，如果他们想学习，他们就可以注册、下载学习。即便一些课程是由某些营利公司建设的，他们也可以进行下载。

O 是 Online 的简称，即教与学的过程是通过网络实现的，如教师的线上教授、学生的线上学习、师生之间的讨论、学生作业的完成与提交、学生作业的批改等。

C 是 Courses 的简称，即课程包含主题提纲的讲授、内容的讲解、各种学习资料的上传、作业的布置、注意事项的提醒等。

慕课这门课程与传统的互联网远程课程、函授课程、辅导专线课程不同，也与网络视频公开课不同。从目前的慕课教学来说，所有的课程、教与学进程、师生之间的互动等都可以在网络上实现，具有完整性与系统性。

　　慕课这一教学模式最早是在 2008 年出现的,但是真正的流行是在 2011 年,是教育的一大革新。之后,出现了很多与之相关的课程,直到 2012 年,由于各个大学不断推进慕课教学,因此将 2012 年称为"慕课元年"。

（二）慕课教学的分类

　　著名学者蔡先金在他的《大数据时代的大学:e 课程 e 教学 e 管理》一书中,将慕课教学模式划分为如下两类。

1. 基于任务的慕课教学模式

　　这一模式具体如图 4-4 所示,其主要研究的是学生在任务完成之后对知识、能力的获取情况。学生可以从自身的学习方式出发,按照一些具体的步骤开展教学,可见学生的学习具有灵活性。学生可以对一些录像、文本等进行观看,也可以共享其他学生的成果,从而完成自身的任务。

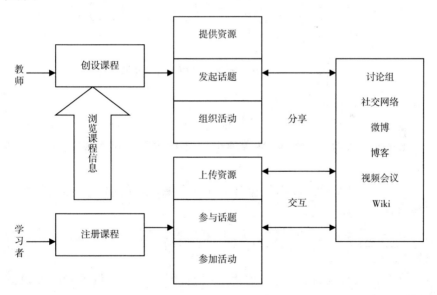

图 4-4　基于任务的慕课课程设计开发模式

（资料来源:蔡先金等,2015 ）

2. 基于内容的慕课教学模式

这一模式如图 4-5 所示,主要侧重于学生对内容是否可以掌握清楚,一般会通过总结性评价、形成性评价等手段,来评估学生的学习成果。当前,其非常注重研究学习社区的相关内容。在这一模式中,很多名校视频也包含在内,并设置了专业的用于测试的平台,学生在这一平台可以免费进行学习,并可以取得相应的证书。

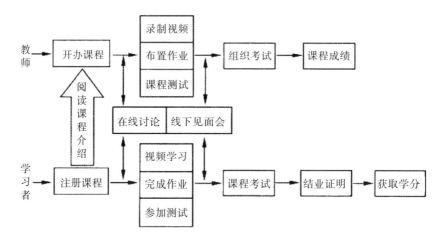

图 4-5　基于内容的慕课课程设计开发模式

(资料来源:蔡先金等,2015)

综合而言,上述两大模式的特征可以总结如下。

第一,慕课课程设计以及活动组织都是建立在网络这一平台基础上的。

第二,慕课课程设计不仅包含了课程资源、课程视频等内容,还容纳了学习社区等内容。

第三,慕课课程的时间一般不会太长,控制在 8 ~ 15 分钟之内最佳。

第四,慕课课程设计需考虑大众因素,因此在目标设置的时候也需要从多方面考虑。

第五,慕课课程设计应保证创新性和开放性。

（三）实施大学英语慕课教学的意义

1. 对教师教学的意义

慕课教学突破了传统的大学限制，让学生在接受高等教育的时候，不因时间、地点等受到限制，这对于传统的高等教育来说，面临着巨大的挑战。

慕课教学模式对于大学课程的设计与开发、师资发展等影响巨大，尤其明显的影响主要体现在教学方法与策略层面。因此，当前的高等教育除了要适应社会发展的趋势，还需要考虑慕课教学在我国的本土化问题。一些专家学者通过研究国外的慕课教学，建立了很多国内本土化的英语在线开放课程群，这样学习者不仅可以自己选择适合自己的课程，还能学到英语知识，提升自身的英语水平。也就是说，大学英语慕课教学使教学更加优化，不断提升了教师的教学质量与效果。具体来说，大学英语慕课教学在教学层面有如下几点优势。

第一，使大学英语教师从传统的教学模式中解放出来，他们也将面临巨大的挑战，就是大学英语教师应该不断学会运用技术，为学生构建高效、多样的大学英语慕课课程。

第二，运用慕课教学模式，教师的需求将会减少，并且会在慕课教学中出现一些"明星"教师，每一位教师也有很多的学生"粉丝"。另外，教师的授课重点也会发生改变，尤其是明星教师提供的精品课程，这些课程必然需要有好的教材、声源等，为了给学生创造优质的视觉感受，因此还需要添加一些肢体表达。

2. 对学生学习的意义

在慕课教学模式下，人们更多关注的是是否激发了学生的学习兴趣，是否发挥了学生的主观能动性。因此，通过慕课平台，学生的学习从繁重的课堂中解放出来，而在这种轻松的学习模式下，他们获取知识的欲望将会逐渐增加，从而变成主动获取知识。学生可以在自己设定的时间内，对知识的来源与结构进行充分的了解，将关键性知识与内容把握好，学生的学习过程也限于如何提出问题、寻找答案解决问题等。

另外，慕课学习环境让学生的学习更为自由，便于学生培养自身的自主学习能力。他们通过自主学习，有了大量的课外学习实践，从而不断拓宽自己的学习视野,提升自己的兴趣点。

(四)大学英语慕课教学的应用策略

1.设置多层次的英语课程

如前所述,慕课教学模式冲击着传统的大学英语教学,尤其是传统的大学英语教学模式单一的情况。从师资力量上说,传统的师资力量比较薄弱,教师资源非常有限,导致很多课程的讲授并没有针对性。但是相比之下,大学英语慕课教学基于学生的兴趣和积极性来设置课程,这使得学生学习英语的动力明显提升,从而不断提升他们学习的效率与质量。

2.采用多种教学手段展开教学

虽然很多学校都要求不断进行大学英语教学改革,在上课方式上也不再是单一的手段,但是在教授方式上还是过多倾向于知识点的讲述,即便是将多媒体手段融入其中,也多作为课堂讲授的辅助手段,只是将传统的板书形式替代成了现在的多媒体形式。相比之下,大学英语慕课教学模式更为多样化,学生即便不在学校之内,也能够通过网络获取知识。

3.设置个性化的考核手段

在慕课教学模式下,大学英语教学中设置了多渠道的考核手段。如果仅仅是传统的笔试考试或者论文写作,那么很难将学生的实际能力检测出来。但是,在大学英语慕课教学模式下,教师可以进行个性化的考核,这样的考核可以将学生的积极性激发出来,从而为开展下一阶段的教学做准备。

二、移动互联网支持下大学英语微课教学

(一)微课教学的界定

微课,又可以被称为"微课程",其是运用视频教学的手段,依托PPT形式来展开教学的一种新型技术手段。既然是微课程,那么必然要求简短,因此在教学内容的设计上要求简洁,并能够概括整个教学工

作。也就是说,在整个教学中,主要对一些专门的知识点进行讲解,通过短小的视频将内容向学生传达。当然,除了要讲授基本的知识点,必然也需要增加一些练习甚至是专家点评等。可以看出,微课并不是对传统教学模式的延伸,而是一种新型的、开放性质的教学手段。

随着微课教学的不断发展,很多学者对其展开了研究,并形成了一些著名的视频,其深刻影响着全球的教育。对于我国来说,我国在极力推进微课教学,但是由于我国的研究仍旧处于初级阶段,因此研究主要限于宏观领域,在微观层面还有所欠缺。

（二）微课教学的划分

当前,在微课教学中,有几种模式是非常常见的。下面这几种模式的构成要素有着较大的差异,但是各有各的特点与语用范围,下面就对这几种模式展开详细的论述。

1. 非常 4+1 微课资源结构模式

非常 4+1 模式主要由图 4-6 所示的五个要素构成。其中“1”代表微视频,而“4”代表围绕它的四个层面,用于构建微视频。这“4”个层面都是围绕“1”建构起来的,并且是与“1”相匹配的资源。

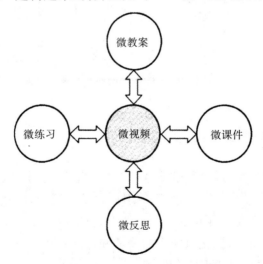

图 4-6　非常 4+1 微课资源结构模式

（资料来源:王亚盛、丛迎九,2015）

2. 可汗学院微课教学模式

可汗学院微课教学模式(图 4-7)就比较复杂了,并且具有较高的建构成本,但是适用范围还是相对比较广泛的。在这一模式中,教学设计者、教师、学生彼此之间是相互促进的关系,当然彼此也是独立的。这一模式主要是为了完成教学的设计。

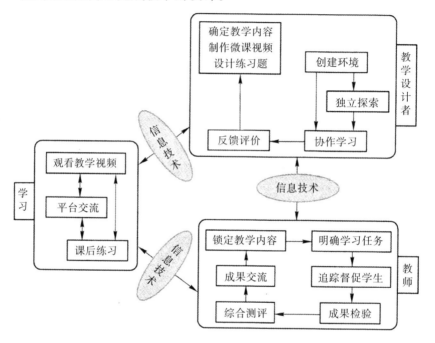

图 4-7 可汗学院微课教学模式

(资料来源:王亚盛、丛迎九,2015)

3.111 微课内容构建模式

111 微课内容构建模式(图 4-8)主要指的是对三个"1"的把握。其中第一个"1"指的是用 1 个案例引入教学情境,从而让学生对学习的价值与意义有清楚的了解;第二个"1"指的是带出一个本集需要的知识点或者概念,从而强化对知识的理解和把握;第三个"1"指的是对其进行训练,从而实现知识的内化。

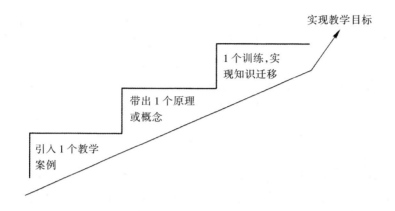

图 4-8　111 微课内容构建模式

（资料来源：王亚盛、丛迎九，2015）

4. 123 微课程教学运作模式

123 微课教学模式（图 4-9）是基于国内外中小学学习情况建构起来的。其中的"1"指的是教学活动应该将微课程视作中心，并且强调短小；"2"指的是教师要设计教案，组织教学活动，一般要设计两套教案；"3"指的是根据资料展开自主学习，这里的资料主要有三组。

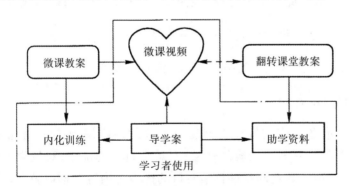

图 4-9　123 微课程教学运作模式

（资料来源：王亚盛、丛迎九，2015）

（三）实施大学英语微课教学的意义

1. 促进学生学习积极性的提升

在大学英语微课教学中，教师用直观的教学手段清晰地展示抽象的理论知识和技能,为学生理解与掌握知识和技能提供了方便,使学生学习起来更容易一些。学生对新鲜事物总是充满好奇心,而对于大学生来说,微课教学模式是比较新鲜的事物,能激发他们的好奇心和求知欲,学生在新的教学模式下学习的积极性会得到提升,更愿意主动学习,这对于提高学习效果、提升英语素养具有重要意义。

2.使学生的个性化学习需求得到满足

大学英语微课教学可以使不同学生的个性化学习需求得到满足,学生可以根据自己的学习需要对所要学习的内容进行灵活选择,既能强化自己已经掌握的知识与技能,又能重点学习自己还未掌握的知识与技能。大学英语微课教学为学生提供了延伸性的学习平台,学生利用这一拓展化的学习资源可以实现查漏补缺,完善自己的知识体系,巩固自己的英语技能。传统的大学英语教学中,由于一节课时间比较长,学生的注意力很难始终保持高度集中的状态,学生注意力分散,无法与教师配合好,自然就会影响课堂教学的顺利进行和最终的教学效果。而在大学英语微课教学模式下,由于时间短,而且学生面对的是生动形象的教学资源,因此更容易集中注意力,更容易准确抓住知识点,还能主动思考与探索,这对于促进学生视野的拓展及学习水平的提高是有好处的。

(四)大学英语微课教学的应用策略

大学英语微课教学的组织与实施策略可分为以下三个阶段。

1.课前准备

课前准备工作的好坏直接反映教师的内容编制技能,准备阶段的工作主要包括对教学内容的选取、对教学目标的确定、对教学策略的制订、对教学顺序的安排及对教学器材的摆放等内容。选取教学内容一定要有明确的主题,对某一个或少数几个选定的问题集中进行说明,这样才能体现出高校英语教学的目的性、计划性,才能使教学目标发挥引领作用。

2.课中教学

(1)课程导入

微课时间较短,在有限的时间内尽可能用新颖的方法引出课题,这样才能在短时间内吸引学生的注意力,使其在接下来的时间里集中精力学习。这一环节用时较少。

（2）正式进入教学活动

教学活动是主体部分,以解决一个技术问题为主线,教师的讲解要简短精练,留出让学生自主练习的时间,教师在旁边巧妙启发、积极引导。

（3）课后小结

课堂小结是对教学内容要点的归纳及对整个教学的总结。课堂小结贵在"精",要起到画龙点睛的作用,不要做不必要的总结,以免画蛇添足。

3. 课后反思

教学探究和解决问题是课后反思的基本立足点,反思的要点有两个,即教和学,通过反思来检验目标的合理性与达成情况,根据现实问题而提出解决方案与改进建议。

总体来说,大学英语微课教学模式不仅能使教师顺利达成既定的教学目标,也能让学生成功达到提高综合素质的目的。

第五章　移动互联网支持下大学
英语教学创新内容

在移动互联网支持下,英语教学的终极目标是培养学生的综合语言运用能力。我国大学英语教学改革在不断推进,英语基础知识与基本技能教学的重要性已经逐步彰显。的确,在英语基础知识与基本技能教学中,词汇、语法、听、说、读、写、译的教学都不容忽视,同时文化教学也是英语教学的一项重要内容,因此也需要在大学英语教学中优化学生的文化品格。为此,本章就来详细分析移动互联网支持下大学英语教学创新内容。

第一节　移动互联网支持下大学英语
基础知识教学创新发展

一、移动互联网支持下大学英语词汇知识教学的创新发展

(一)词汇的内涵

在英语学习中,无论是要提高听、说、读、写的基本能力,还是想研究语音、语法、语义、语篇等专业内容,我们都会遇到词(word)。现代语言学的创始人之一瑞士著名语言学家费迪南·德·索绪尔(Ferdinand de Saussure,1857—1913)曾说过,语言是"词的语言",词是"语言的机构中某种中心的东西"。[①]那么词究竟是什么? 我们应该如何给词下一个明确的定义呢?

---

① 汪榕培, 王之江.英语词汇学 [M].上海:上海外语教育出版社,2008.

　　查看语言学经典著作和中外权威词典后，可以发现许多古今中外的语言学家对词的定义说法不一，许多词典里词的定义也不尽相同，这似乎说明人们到现在为止还没有找到一种普遍适用的定义能全面、精确、完美地反映词的全部本质特点。但是可以肯定的是，人们对于词的一般的、本质的特征还是有普遍认知的，这就使我们有可能了解词的概念。

　　说到词汇，就会联系到词汇量。词汇量是判断学习者语言水平的可比性参数之一，我们先来比较一下英语本族语学习者和中国英语学习者掌握英语词汇量的情况。据统计，当代英语词汇约在一百万个左右，英语本族语大学本科生掌握约 20 000 个词左右。他们自上学开始，每年约增加 10 000 ~ 20 000 个词，或者说每天增加 3 ~ 7 个单词。艾奇逊（J. Aitchison）在《头脑中的词汇》（*Words in the Mind*, 1987）里曾写道："受过教育的成年人所知道的词不可能低于 5 万，也许有 25 万之多。"

　　据《英汉大词典》（1991）"英语词汇能力自测"（*Test Your Own Vocabulary Competence in English*）的说明，一般认为如词汇量不足 6 000，可视作只有英语本族语小学生的词汇能力；如词汇量在 12 000 和 18 000 之间，可视作英语国家受过普通教育成年人的一般词汇程度；如词汇量在 24 000 至 30 000，则说明已具有英语国家受过良好教育而且能进行较高层次阅读的人的词汇能力。所以，相比之下，中国大、中、小学生的英语词汇量是远远不够的。

　　词汇是语言的基本要素。人类思维离不开概念，而概念的语言形式主要表现为词汇。此外，在语言传递信息的时候，词汇所承担的信息量大大超过语音和语法，所以词汇是人类应用语言的重要前提。一个人词汇量的大小直接影响其对语言掌握的熟练程度。当今知识换代加速，新生事物层出不穷，这一现实必然会在语言上反映出来，不断产生新词，旧词不断产生新义。正如语言学家威尔金斯（D. A. Wilkins）所描述的：没有语法，人们可以表达的事物寥寥无几。而没有词汇，人们则无法表达任何事物。词汇是英语学习的重要对象，在培养英语实践能力所花的时间上，掌握词汇所付出的时间最多。由此可见，词汇学习在整个英语学习中应当占有相当重要的地位。

（二）大学英语词汇知识教学的原则

1. 展开文化对比合理运用词汇

语言与文化有着紧密的联系,很多词汇都与文化有关,而且词汇学习也是为学生以后的跨文化交际服务的。因此,在大学英语词汇知识教学中,教师应该在讲授词汇的过程中与文化紧密联系,词义的讲解、结构的分析也都需要将文化引入其中,让学生对语言文化有充分的理解,这样才便于学生更深刻地理解词汇,对词汇的变化规律有清晰的把握。词汇学习的目的并不仅仅是对词汇加以记忆,而是让他们在实际的交际中能够运用学习到的词汇,这就要求在大学英语词汇知识教学中,教师应该遵循词汇运用原则,即要求教师在讲述词汇的过程中,引导学生对讲述的词汇加以运用。具体来说,教师在大学英语词汇知识教学中应该设计与学生学习特点相符的教学活动,让学生参与其中,这样才能锻炼他们的词汇运用能力和水平。

2. 坚持循序渐进

任何教学都需要坚持循序渐进的原则,都不可能是一蹴而就的。当然,大学英语词汇知识教学也是如此。具体来说,在大学英语词汇知识教学中,教师应该在坚持提升质量与数量的基础上,不断对教学内容进行加深。也就是说,教师不能仅仅重视学生对词汇数量的掌握情况,还应该重视他们对词汇质量的把握,这样才能让学生对词汇掌握得更为熟练。所谓逐层加深,即在大学英语词汇知识教学中,教师应该层层递进地讲述知识,因为在一堂课中,教师不可能将某个单词的每一个语义都讲述清楚,学生也不可能一次性掌握某个单词的所有语义,因此教师不能急于求成,而应该先讲述其基本语义,然后由浅入深地介绍其他的语义,并分析这些语义与基础语义的关联性,这样学生就能一步步地加深对该词汇的理解与把握。

3. 创设真实情境注重词汇重复与回顾

词汇知识教学并不是孤立展开的,在教学过程中,词汇不应该离开句子、段落,只有在上下文语境中,学生才能更容易理解。也就是说,教师在大学英语词汇知识教学中,应该为学生创设真实的情境,让学生通过模仿、记忆等,帮助他们熟悉词汇。同时,教师也应该组织一些具体的活动,让学生将某个单词的学习运用到具体的实践中,坚持听、说、做相结合。遗忘是伴随着记忆而行的,在学生的词汇学习中,不可避免地会产生遗忘问题,每天如果不加以复习和巩固,将很难掌握词汇,对此大学英语词汇知识教学应遵循回顾拓展原则。这一原则是指在教学中将新旧词汇结合起来,利用已经教授过的词汇来教授新的词汇,以便让学生对旧词汇加以巩固,同时有效拓展和掌握新词汇。

(三)移动互联网支持下大学英语词汇知识教学的优势

移动互联网技术对于大学英语词汇知识教学有着巨大的意义,其可以对词汇知识教学的过程进行全新的设计,也可以为学生设计个性化的词汇操练形式,从而彰显词汇知识教学的新意。下面就对其优势进行分析。

第一,有助于增强词汇掌握的时效性。在移动互联网支持下,大学英语词汇知识教学有助于为学生创设词汇学习的环境,从而不断提升学生的词汇能力。运用移动互联网技术这一集文字、图像为一体的形式,能够鲜活地呈现词汇知识教学的内容,也有助于扩大学生的眼界,提升学生的词汇素质与能力。这样词汇知识教学就突破了时空的限制,让学生更快地获取信息,因此在移动互联网支持下,词汇知识教学使学生对词汇掌握的时效性加强,同时缩短了教学的时间。

第二,有助于提高词汇记忆的效率。就记忆的角度而言,人们记忆动画或者图片的能力要明显强于文字。因此,学生在学习新单词的时候,教师可以在不同的语境将新的词汇呈现出来,这样词汇在不同的语境下进行转换,让学生对词汇产生新的认知。在移动互联网支持下,学生可以接触各种语境,这样学生更容易记忆。这是与认知主义理论相符的,即将机械地记忆词汇转化成对词汇有意义的学习,也便于学生建构词汇意义。

第三,有助于扩展词汇认知的层面。在传统的词汇知识教学中,师生接触的词汇材料多是封闭的,仅仅局限在教材与大纲层面,对信息仅仅是被动接受。移动互联网技术的引入,可以改变传统的词汇知识教学认知,学生也可以通过网络获取更多信息,从而扩充自身的词汇量。

另外,从很大程度来讲,移动互联网技术让大学生对英语文化背景知识有更充分的了解,同时又可以增加学生的知识存储量,使学生的词汇学习更为有趣。有些词汇在不同的语境中,会产生不同的意义,因此学生不仅要对这些词汇的内涵意义有所把握,还需要对其外延意义有所了解。只有这样,才能对词汇有准确的了解和把握。但在移动互联网技术背景下,学生接触到的词汇往往是比较鲜活的,这有助于他们对词汇意义的理解。

(四)移动互联网支持下大学英语词汇知识教学的创新方法

目前,大学英语词汇知识教学存在着诸多问题,教学现状并不佳。对此,为了切实提高大学英语词汇知识教学的效果,提升学生的词汇水平,培养学生的跨文化意识,就需要在遵循基本教学原则的基础上,对教学方法进行优化,即选用新颖、有效的方法开展教学。

1. 词源分析法

这一方法主要适用于英语词汇中的一些典故词汇。在英语词汇中,有很多词汇是从典故中来的,因此其文化内涵非常丰富,很难从字面上去理解与把握,必须借助词源展开分析。无论对于中国人还是西方人来讲,在口语或者书面语中都会运用一些典故、传说等,因此对于这类词汇的教学是非常重要的。例如,man Friday 这一词汇就是源自《鲁滨孙漂流记》,其含义并不是"男人星期五",而是"得力的助手";an Uncle Tom 这一词汇源自《汤姆叔叔》,其含义并不是"一名汤姆叔叔",而是指逆来顺受,宁愿承受侮辱也不反抗的人。

2. 文化知识融入法

在词汇知识教学中,教师可以采用教授法开展文化教学,即教师直接向学生展示文化承载词的分类及内涵等,同时通过图像声音结合的方式列举生动的例子加以说明,直观地培养学生对文化的兴趣。只有熟悉了英语文化,才能让学生透彻地了解英语词汇。学习语言时不能只单纯地学习语音、词汇和语法,还要接触和探索这种语言背后的文化,在语言和文化的双重作用下,才能真正掌握英语这门语言。采用直接讲授法讲授文化,既省事又有效率。而且,这些文化不受时空的限制,方便学生查找和自学。

例如,"山羊"/goat 一词,在汉语环境中,"山羊"一般扮演的是老实巴交的角色,由"替罪羊"这一词就可以了解到;在英语环境中,goat 则表示"好色之徒,色鬼"。这类词语还有很多,如 landlord(褒义词)/"地主"

（贬义词），capitalism（褒义词）/"资本主义"（贬义词），poor peasant（贬义词）/"贫农"（褒义）等，这些词语代表了人们不同的态度。在词汇学习过程中，要深入了解和尊重中西方文化，这样才能更好地将词汇运用于交际。

再如，根据当下流行的垃圾分类，教师可以让学生翻译这四类垃圾：干垃圾、湿垃圾、有害垃圾、可回收垃圾。大部分学生都会将"垃圾"一词翻译为 garbage，实际上正确的翻译应是 waste。由这两个词就可以看出中西方文化差异。在英语中，garbage 主要指食物或者纸张，waste 主要是指人不再需要的物质，可以看出 waste 的范围更广，其意思是"废物"。当翻译"干垃圾"和"湿垃圾"时，学生又会翻译得五花八门，实际上"干垃圾"是 residual waste，"湿垃圾"是 household food waste。所以，学生有必要深入了解中西方文化的异同，这样才能学好词汇，才会形成英语思维，进而形成跨文化交际能力。

3. 创设语言情境法

语言只有在语境中才能焕发生机与活力，单独去看某个词汇很难发现个中韵味，但是一经组合和运用，语言便有了生命力。因此，教师应创设信息丰富的环境，为学生提供真实的语言环境和大量的语言输入，使学生在逼真的语境中学习英语，给学生提供学习和运用词汇的机会。教师可以设计一些活动，如组织学生观看电影，然后指导学生进行角色扮演，让学生经历真实的跨文化交际情境，培养学生的跨文化交际能力。

除组织跨文化交际活动外，教师还可以组合一些课外活动，让学生切实感受英语文化，扩大学生的词汇文化资源，培养学生的跨文化交际能力。例如，《疯狂动物城》这部动画片深受学生的喜爱，但大部分学生并没有注意这部影片的名字 Zootopia，也没有对其进行探究，觉得这是电影中虚构的一个地方。如果学生知道乌托邦的英文是 Utopia，可能会理解这个复合词 Zootopia 是由 Zoo（动物）和 Utopia（乌托邦）结合而来。实际上，很多学生连汉语文化中的"乌托邦"都不了解，更不用说英语文化意义了。其实，"乌托邦"就是理想国，Zootopia 就是动物理想国，指动物之间没有相互杀戮的地方。如果学生在观看电影前能对其中的文化进行探索，或者教师稍微引导，那么观影的效果就会更好，而且在欣赏影片的同时能掌握文化知识。

4. 网络辅助法

词汇学习不能仅依靠教师的课堂讲授,还要依靠学生的课外自主学习,对此教师应有效引导学生充分利用课外时间来自主扩充词汇量,丰富词汇文化知识。

（1）推荐阅读书目

教师可以向学生推荐一些课外读本,如《英语学习文化背景》《英美概况》等,让学生利用课余时间进行阅读。通过阅读英语名著,学生不仅能充分了解西方文化背景知识,扩大文化视野,还能积累丰富的词汇,了解词汇的运用背景以及词汇的文化含义,更能培养学生良好的自主学习习惯,促使学生终身学习。可见,阅读英语书籍对学生的词汇学习而言是非常有意义的。这不仅能培养学生的自主学习能力,还能丰富学生的文化知识,扩充学生的词汇量。

（2）英语电影赏析

现在的大学生对于英语电影有着浓厚的兴趣,对此教师可以借助英语电影来提高学生的词汇能力。具体而言,教师可以选取一些蕴含浓厚英美文化,并且语言地道、通俗的电影让学生观看。这样学生可以在欣赏影片的过程中,切实感受英美文化,提高文化素质和词汇能力,同时提升自身学习词汇的兴趣。

目前,大学英语词汇知识教学存在着诸多问题,教学现状并不佳。对此,为了切实提大学高英语词汇知识教学的效果,提升学生的词汇水平,培养学生的跨文化意识,就需要在遵循基本教学原则的基础上,对教学方法进行优化,即选用新颖、有效的方法开展教学。

（3）学习资源圈共享,引导学生深度学习

通过共享学习资源圈的建构,对学生展开分层教学,教师可以为学生介绍一些与课本配套的线上课程,通过这些线上的课程,可以对课堂的内容加以补充,从而不断丰富学生的学习资源。由于不同学生的知识水平是不同的,并且他们接受学习的情况也存在差异,因此在进行教学的时候,教师应该实施分层教学,考虑学生的不同层级,设置的任务要与他们的能力相符,这样才能满足不同学生的学习需求。

在移动互联网技术的辅助下,学生的词汇知识学习不应该仅仅局限于阅读、写作、背诵层面,而应该将那些零散的知识整合起来,实施在线学习。通过移动互联网技术的辅助,不断设计自己的学习,将学生的学习兴趣和积极性激发出来。建构主义注重以学生为中心,强调学生对知识的获取能力与探索能力,让他们主动发现与建构知识。通过对知识的发现与建构,解决自己学习中遇到的一系列问题。

（4）建立评价机制

通过移动互联网技术,学生可以自己展开测试,这可以让教师对数据加以整合,找出学生容易出现问题的地方,然后在课堂上将这些重难点讲解一下,并及时收集学生的学习情况。显然,教师通过这种线上测试,既可以激发学生的学习兴趣,也是对学生自主学习的一种鼓励。

二、移动互联网支持下大学英语语法知识教学的创新发展

（一）语法的内涵

英语语法属于经验认识的理论,它是人类生活的物质和意识两方面持续辩证发展的结果。如果将语言看成是人类对经验的识解,那么语法就是经验识解的方式。语法虽然使意义的表达具有可能性,但是也对什么可以被意义化设定了限定。

语法在语言中具有举足轻重的作用。当谈及语法的定义,不同的学者却有不同的界定。英国著名应用语言学家 H. G. 威多森对语法的定义为:语法是一个规则系统,包括词汇变化规则和词汇造句规则。美国路易斯安那州立大学的语言学教授尤尔(George Yule)认为,语法是一套结构体系,其分析框架包括意义、形式和用法三个方面,这三个方面是相互结合的,可以通过应用的上下文语境来解释不同的语法形式和语法意义。朗曼在《应用语言学词典》中将语法定义为,语法是对语言单位(词汇、词组等)组成句子时所遵循的方式的一种描述,这种描述往往包括语言句子各个语言系统下的含义和功能。北京英语系教授胡壮麟认为,语法应该被看作一个理性的动态系统而非任意规则的静态系统,这种定义更利于在语言教学中培养学生良好的语言应用能力。

（二）大学英语语法知识教学的原则

1. 凸显实践性,融入实际交际语境

传统的大学英语语法知识教学只重视知识传授,不重视技能培养,忽视语法的交际功能。《大学英语教学指南》注重学生能力的培养。教

师要明确大学英语语法知识教学只是培养语言实践能力的桥梁,其目的是更好地培养学生听、说、读、写语言实践能力,进而达到用英语进行交际。因此,语法知识教学必须突出其实践性原则。在大学英语语法知识教学中,教师应遵循交际性原则,即恰当地运用多媒体设计课堂教学,创设合理的语言交际环境,使语言交际环境符合实际环境,从而帮助学生更好地掌握语法知识,提升交际能力。提高学生成绩并不是语法知识教学的最终目的,语法知识的使用才是语法知识教学的本质,所以语法知识教学应结合实际生活,培养学生的语法思维,提升学生的听、说、读、写能力,最终提高学生的语言交际能力。语法作为语言的内部规律,与文化有着密切的联系,即蕴含和反映着丰富的文化信息。对此,在大学英语语法知识教学中,教师应重视文化因素对学生语法学习的影响,并有意识地进行文化教学,创设英语语言环境,从而丰富学生的文化知识,切实提高学生的语法能力和语言交际能力。

2. 实现混合式教学

在移动互联网背景下,大学英语语法知识教学要求采用恰当的教学手段进行综合性教学,具体而言包含如下几点。

第一,将归纳与演绎两种教学法相结合。因为这两种教学方法各有各的特色,教师在大学英语语法知识教学中,将二者结合起来,以归纳为主,以演绎为辅,这样才能真正地提升大学英语语法知识教学的质量。

第二,将隐性与显性两种教学法相结合。在大学英语语法知识教学中,隐性教学法要求避免对所学的语法规则进行直接的谈论,而是通过运用情境,让学生对语言加以体验,从语言的交际运用中,对语法规则进行归纳。相对而言,显性教学法要求在语法知识教学中对所学的语法规则进行直接的谈论,从而直接显现语法知识教学的目的。教师应该从学生的心理、生理特点出发,避免反复地机械讲解与记忆,而应该让学生在语境中进行感知,让他们不断熟悉语法项目,同时要为学生创设一些有趣的情境,让学生不断模仿与巩固。最后,在学生理解了语法项目并会运用的基础上,教师对语法规则加以归纳。也就是说,大学英语语法知识教学应该以隐性教学为主要教学方式,并辅以显性教学,这样才能激发学生的语法学习兴趣,帮助学生增强自身的语法意识。

第三,将语法知识教学置于听、说、读、写教学之中。学生的这四项技能都与语法有着紧密的关系,语法知识教学也是为这些技能的教学服务的,因此在大学英语语法知识教学中,教师应该将其与四项技能的教学结合起来,这样才能使语法真正地为交际服务。

（三）移动互联网支持下大学英语语法知识教学的优势

语法知识教学与英语技能教学有着紧密的联系,但是传统的语法知识教学存在明显的问题,如语法教材比较落后、语法知识教学方法比较传统。在教学中,教师往往是根据教材进行教学,然后通过教材中的练习让学生进行巩固。但是,在实际的口头、笔头交际中,难免会出现各种语法问题。并且,在日常考试中,存在较多的单选题,这也不利于学生掌握语言运用。

与传统的大学英语语法知识教学相比,移动互联网支持下的大学语法知识教学有着明显的优势。

第一,具有形象性。移动互联网技术在大学英语语法知识教学中的应用,对传统依赖教材的局面造成了冲击,使枯燥的语法知识教学变得更为有趣、直观。

第二,具有多样性。移动互联网技术在大学英语语法知识教学中的应用,使语法知识教学形式更为多元化,不仅有课堂内容的组织,还有课外内容的组织。同时,大学语法知识教学活动的设计也更为多元化,有助于将学生的听、说、读、写等功能调动起来。

第三,具有逼真性。移动互联网技术为大学英语语法知识教学提供了更为真实的语境,通过图片、视频等,可以不断提升学生的学习效果。

第四,互动性。移动互联网技术让大学英语语法知识教学从课堂转向“课堂＋课外”,实现了远程的学习与交流。

（四）移动互联网支持下大学英语语法知识教学的创新方法

1. 文化对比法

文化对于语法知识教学影响深远,因此教师可以采用文化对比的方法展开教学,让学生不断对英汉语法的差异进行熟悉,培养他们的跨文化交际意识与能力。

众所周知,我国学生是在母语环境下来学习的,因此不知不觉地会形成母语思维方式,这对于英语学习而言是非常不利的,甚至在组织语言时也掺杂了汉语的成分。基于这样的情境,大学英语教师就需要从学生的学习规律出发展开对比教学,使学生不断认识到英汉语法的差异,这样便能在发挥汉语学习正迁移的前提下,使学生掌握具体的英语语法知识。

2. 创设情境法

在大学英语语法知识教学中,教师可采用情境教学法开展教学,情境教学法有着包含语法规则和知识的真实环境,可以充分调动学生不同的感官,激发学生学习的兴趣,可以让学生在接近真实的情境中切实参与到学习中,使学生系统地掌握语法知识。语法知识教学通过情境实现了认知与情感的联合,颠覆了过去只讲述语法规则的陈旧方法,学生有了使用语言的空间。而且,通过情境化教学,课堂氛围更加活跃,师生关系更加和谐,学生的语法能力和交际能力会得到显著提升。具体而言,情境教学的教学途径包含以下几个。

(1)融入音乐,创设情境

青少年通常对音乐有着强烈的兴趣,因此在语法知识教学中,教师可将音乐与语法知识教学相融合,营造轻松愉悦的气氛,在聆听中学,在欢唱中学。例如,在讲授现在进行时这一语法时,教师可以让学生先欣赏歌曲,并让学生持有该曲的歌词,然后找出歌词中含有现在进行时的句子。这样既能激发学生的学习兴趣,分散学习的难点,又能使学生在不知不觉中学到知识。

(2)角色扮演,感受情境

在大学英语语法知识教学中,教师可以组织学生进行角色扮演,让学生身临其境地学习语法知识。学生可以通过自己扮演的角色,体验相应情境下人物的言行举止、思想情感,深化所学知识,提高学生的人文素养。

(3)运用媒体,展示情境

在大学语法知识教学中,有些教学情境因条件的限制无法创设,但随着多媒体技术的发展及其在教学中的运用,这一缺陷被弥补了。多媒体教学素材丰富多样,包含图像、图形、文本、动画以及声音等,将对话的时空体现得更为生动和形象,图像和文字都得到了充分的体现,课堂范围不再沉闷死板,学生的感官得到了调动,加深了学生的印象,提高了学生参与课堂教学的积极性,教学和学习效率也得到了显著的提升。

(4)设计游戏,领悟情境

设置符合学生心理和生理特征的语法知识教学游戏,可以激发学生的学习积极性,让学生积极参与其中。而且,生动活泼的游戏可以调动学生的多种感官,使学生原本觉得困难的语法结构也变得简单许多,从而使学生在潜移默化中掌握语法知识。

3. 翻转课堂教学法

翻转课堂也是随着移动互联网技术的发展而产生的一种新型教学模式,将该教学模式运用在大学英语语法知识教学中,可有效调动学生学习语法的兴趣,促进学生的自主学习能力,提高学生的独立思考能力,进而培养学生的语法能力。翻转课堂这种教学模式不再以教师为中心,而是以学生为中心,教师只是起到辅助作用,学生是教学环节的重点,师生之间处于互动的状态。翻转课堂语法知识教学模式流程如图5-1所示。①

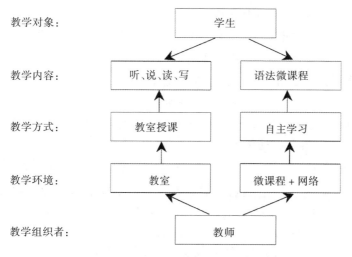

图 5-1　翻转课堂语法知识教学模式的流程

(资料来源:曾春花,2015)

(1)提升微课制作水平,借鉴网络教育资源

相较于传统的语法知识教学模式,翻转课堂最大的特点在于以视频微课代替了"黑板+粉笔"的教学方式。但对于已经习惯了传统教学模式的大学英语教师来说,很难在短时间内适应视频微课这种新形式,因

---

① 马慧丽.大学英语语法知识教学回归的必要性及可行模式研究[M].英语教师,2019,(24).

此教师首先要熟练掌握微课的制作技术,灵活运用各种制作软件;其次要重视视频微课内容的整合与加工,在内容选择上要利用语法课本知识,并借鉴网络上优质的教育资源制作短小精致、内容丰富的数字化课程资源。

（2）拓宽师生互动渠道,确保语法知识教学效果

制作视频微课是翻转课堂语法知识教学的前提,后期的检查、实施和监督是更加重要的部分,因此师生之间应保持多维互动。首先,教师要指导学生观看视频微课,并对学生的学习内容和时间进行计划,把握学生学习的进度;其次,教师要利用社交软件建立 QQ 群和微信群等,加强与学生线上线下的互动,对学生在自主学习中遇到的问题进行解答,促进师生和生生之间的讨论,实现英语语法知识的消化和吸收。

（3）关注语法难点,提升教师答疑解惑的能力

基于翻转课堂,教师将制作好的视频微课上传到网络平台,学生自行下载,并在固定时间内完成自主学习,而对于遇到的语法知识难点,除了课堂学习小组讨论外,更多由教师在课堂上统一解答或个别辅导。对此,大学英语教师应不断充实自身的语法知识储备,提升自己的语法能力,从而更好地解答学生的疑难问题。

（4）开展差异化教学辅导,促进学生自主学习

在翻转课堂教学模式下,教师要更新教学理念,改变传统的教学模式,主动融入和参与学生学习的各个环节,成为学生学习的指导者和监督者。由于不同学生之间存在着差异,有着不同的基础水平和认知结构,因此教师需要采用不同的辅导方式来对不同层次的学生加以辅导,特别是对那些自律性不强的学生,更要采取有效方式来加以辅导,促进他们进行自主学习。

（5）重视教学评价,建立激励机制

翻转课堂语法知识教学重在学生的自主学习,为了掌握学生自主学习的频率以及参与程度,确保翻转课堂教学的效果,对学生进行考核评价就显得十分必要,而且这种考核要贯穿于课堂教学的全过程,并且评价形式要多样化,包括学生自我评价、小组评价、教师评价等多种考核评价形式。这种全方位的考核评价机制有利于教师掌握学生对语法知识教学的参与度和配合度,便于教师了解学生对语法知识的掌握程度,而且对学生有着正向的激励作用。

第二节　移动互联网支持下大学英语基本技能教学创新发展

一、移动互联网支持下大学英语听力技能教学的创新发展

在大学英语教学中,听力技能教学不仅是教学的重点,也是学生英语学习的难点。当今,跨文化交流日益频繁,我们与外国友人交流的机会不断增多,而要想顺利展开交流,首先第一步需要听懂对方说什么,这也是直接影响交流成败的关键。因此,在大学英语教学中,听力技能教学占据着非常重要的地位。

(一)听力理解及听的心理机制

1. 听力理解

随着听力的作用逐渐凸显,很多应用语言学家提出听力是语言学习的重要手段,并且开始对听力进行研究。听力理解就是利用大脑中的已有知识,对听力材料进行正确的理解,是一个从语音信号识别到语义构建的极复杂过程。

安德森(Anderson,1988)指出,在听力理解过程中,听者起着十分关键的作用,而并非单纯地接收信息,他们会激活和运用大脑中的各类知识来理解说话者想要表达的真正意图。可见,听力理解是听者为了达到理解语言的目的,积极运用各种背景知识对声音信号进行识别、筛选和重构的复杂心理过程。理查德(Richards,1983)认为听力理解过程要经历三个阶段:确定语句的命题、理解说话人的意图、激活相关的知识。听者要通过说话者的字面意思,同时激活大脑中与说话者人所说内容相关的文化背景知识,来理解说话人的真实意图。可以看出,听力理解包涵两层含义:一是将接收到的语音、语法等信号组成可理解的句子;二是透过字面意思理解谈话的真正意图,即谈话的交际功能。肯尼思(Kenneth,1976)对听力理解的过程进行研究,认为其包含五个阶段,即辨音阶段、信息感知阶段、听觉记忆阶段、信息译码阶段、语言运用和

存储。在经历了前面四个阶段之后,听者就可以获取新的语言知识,进而对它们进行运用与存储。

樵秋春、李诗和(2007)认为,英语听力理解是有目的地运用储存在大脑中的英语语言知识对耳朵接收到的新信息进行选择、整理和加工,最终获得新的英语语言认知的过程。黄旭琳、黄清贵(2016)指出,英语听力的本质是人们利用听觉器官对英语语言信号进行接收、分辨、归类、整合、内化、理解的过程。

基于英语听力理解,英语听力技能教学绝不只是单纯地听清某一个音,听懂某一个单词或句子,而应该培养学生的语言技能,要求准确理解说话者的意图并进行无障碍地交流。李泽锋(2012)认为,英语听力技能教学是教师引导学生领会知识技能,从而建立认知的过程。这一过程与学生的知觉、思维和记忆等因素密切相关。总体而言,英语听力技能教学的主要目的是培养学生的英语听力能力和综合能力,并且以此为中心来开展各种教学活动。

2. 听的心理机制

在听、说、读、写这四项技能中,听往往被认为是接受性的一项技能,但是并不能说听就是一个被动的过程,而是应该认为听是一项主动的活动,是一个积极地处理信息的过程。根据心理语言学的研究,听的过程与人的记忆力关系非常密切。人的记忆力(图5-2)划分为三种,即感知记忆、短时记忆和长时记忆三种,三者所承担的任务不同,构成一个完整的对信息加以处理的系统。

外部的信息经过人类的感官,会保持一个较短的时间,这就是感知记忆,是瞬时的,指的是外部刺激以一个非常短的时间呈现之后,一些信息会通过感觉器官输入并登记在头脑中,形成瞬时的记忆。显然,这是信息加工的第一阶段。

短时记忆指的是信息呈现之后,保持一秒钟时间的记忆。其与感知记忆不同,感知记忆中的信息并未进行加工,是一种不被意识到的记忆,但是短时记忆是经过加工的,是一种活动的记忆。人们短时间记住某件事,是为了加工这件事情,但是加工之后很容易会遗忘。如果需要对这件事进行长期保持,就需要对其进行加工编码,然后存储到长时记忆中。短时记忆中的信息有些是来自感知记忆的,有些是来自长时记忆的。因为人们需要某些知识的时候,往往会从长时记忆中进行提取,这样提取的信息就成了短时记忆,便于人们运用。

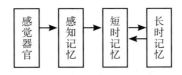

图 5-2　记忆的过程①

　　长时记忆指的是学习的材料经过复述或者复习之后,在头脑中进行长久存储的一种记忆。可以说,长时记忆是一个信息库,其中的容量是无限的,可以将一个人对于世界的一切认识存储起来,并为他的活动提供基础和依据。信息从短时记忆向长时记忆转化,需要对信息进行加工。所谓加工,即对材料进行整合,将新的材料纳入自身的知识系统之中,当然这需要对信息进行组织编码。

　　根据三种记忆的阶段,听的心理机制可以归纳为三点。

　　在第一阶段,声音通过人的感觉器官进行感觉记忆,并根据自身已有的知识,将这些信息转向有意义的单位。在感知记忆中,信息存储的时间非常短,听者需要把握时间对这些信息加以整理。人们在听母语的时候,这种感知记忆是非常容易实现的,但是如果听的是外语,那么就会出现一系列问题,甚至很多时候人们还没处理完信息,新的信息又进入了,导致自身没听懂。

　　在第二阶段,信息处理在短时记忆中实现,当然这一过程也是非常短暂的。在短时记忆阶段,听者将听到的信息与自身在长时记忆中的存储信息进行对比,将记忆中的信息展开,从而构筑新的命题。听者需要对语流加以切分,当然切分的目的在于获取意义,当获取了意义之后,听者就会忘却具体的词汇、语句。显然,在这一阶段,处理的速度非常关键。已有的信息必须在新的信息进入之前就需要处理完成,当然这很容易使学习者的脑容量超载,甚至很多时候无法从信息中获取意义。但是随着学习者听力水平的增加,他们具备了一定的知识储备,那么对信息的处理能力也会加速,从而能够留出多余的时间处理那些较困难的信息。

　　在第三阶段,听者会将所获取的意义转向长时记忆中进行存储,并与自身的信息紧密联系起来,从而对命题的意义进行确立。如果新输入

①　崔刚,罗立胜.英语教学理论与实践[M].北京:对外经济贸易大学出版社,2006.

的信息与自身的已知信息能够匹配,那么就说明这些新信息容易理解。在这一阶段,形成的命题与长时记忆中的固有信息紧密联系的时候,大脑往往会通过积极思维展开分析与归纳,从而使这些信息连贯起来,构筑新的意义,最后储存在自身的长时记忆中。

上述过程只是对听的过程的信息处理步骤进行描述,但是实际听的过程要更为复杂,因为听的过程中的信息处理并不依据语言本身,很多时候听者需要依据具体的语境展开分析,这样才能理解其真正含义。如果听者听到的是母语,他们会将自身长期积累的文化知识激活,并通过自身固有的经验预测下面说话者将要说的话。他们也能明白年龄不同、性格不同等的人往往会通过不同的方式将不同的内容表达出来,在教室、医院等不同的场合以及对不同的问题进行讨论时,会使用不同的语言风格。人们采用何种方式,往往受说话者之间的关系的影响,父母对孩子、妻子对丈夫、领导对下属、售货员对顾客等都会影响语言风格的选择。这些知识在上述三个阶段都会起作用。

(二)大学英语听力技能教学的原则

1.激发听力学习兴趣,重视学生的情感体验

听力能力的提高需要一个过程,不能一蹴而就,而且需要不断地练习和努力,很多学生由于自己听力能力不佳,加上进步缓慢,因此对听力缺乏兴趣。可见,兴趣对于英语听力学习至关重要,对此,教师在开展英语听力技能教学时要有意识地激发学生的兴趣,也就是遵循激发兴趣原则。具体而言,教师在进行听力技能教学之前,首先要充分了解学生的兴趣所在,即了解学生对哪些听力活动和听力内容感兴趣,然后以此为依据来调整教学内容和教学方法,以激发学生的听力兴趣,调动学生的积极性,进而提高学生的听力水平。在教学中,教师除了要注重学生学习本身外,还要重视学生的情感体验,这是心理语言学的要求。具体而言,教师要创造一个轻松、愉快的课堂环境。例如,教师在听的过程中可以穿插一些幽默小故事、笑话、英文小诗、英文卡通或英文歌曲等,也可以根据实际情况改变听的形式或更换听的内容等,努力消除学生因焦虑、害怕等产生的心理障碍,创造和谐的学习氛围,使学生获得良好的学习体验,进而提升学生的听力水平。

2. 创设英语听力情境，融入文化背景

听力是交际的重要方式，学生只有在自然、真实的环境中，才能与环境产生相应的互动，获得真实的语言体验。很多教师往往都有这样的感受，即教师竭尽全力鼓励学生参与课堂活动，但学生依然对听力学习缺乏积极性，导致课堂教学沉闷。实际上，良好的课堂氛围需要师生共同营造，教师应该与学生积极沟通，充分发挥自己的主导作用和学生的主体作用，应在活跃、自然、民主的课堂环境中创建英语语言情境，进而培养学生的听力能力。语言与文化密切相关，很多英语词汇、短语、句子等都蕴含着丰富的文化信息，如果不了解语言背后的文化信息，将很难理解其内在含义，更无法有效进行交流。可以说，很多听力材料都包含文化背景知识，学生如果没有对一些必要的文化知识进行掌握，即便听懂了个别的词句，也不能明白具体的文化内涵，进而对材料的整体也不能理解准确。因此，在大学英语听力技能教学中，教师必须引导学生对英美文化背景知识加以强化，提升他们对不同文化的敏感度。

3. 选择多样的教学形式，注重循序渐进

学生的听力培养途径主要是在课堂上听教师进行讲解，因此在大学听力技能教学中，教师可以控制自己的语速，从简单到复杂地进行讲解，并且鼓励学生勇于表达自己的观点，这样有助于学生积极参与其中。另外，教师应针对不同的教学目标，选择多样化的教学模式。例如，如果教师是为了让学生区分语音，那么教师可以为学生提供一些发音相似的单词，让学生多听，进而区分这些语音。如果教师是为了让学生对主旨大意进行归纳，那么可以考虑让学生用母语作答，这样可以降低学生学习的难度。

英语听力学习并不是一蹴而就的，是一个循序渐进的过程。首先，在听力材料的选择上，教师应该考虑实际的情况，从简单入手，然后逐步过渡到复杂的阶段。也就是说，在初期的教学中，教师应该选择一些简单的材料，把握学生的基本听力情况，进而不断增加难度。其次，材料应该确保自然、真实，与实际交际场合的说话风格相符合。最后，材料应该选择一些热点、日常会话等，这样才能将学生的积极性调动起来，让他们愿意听。

（三）移动互联网支持下大学英语听力技能教学的优势

与传统的大学英语听力技能教学相比,移动互联网支持下的大学英语听力技能教学有着如下几点优势。

第一,体现"以人为本"的教学理念。根据素质教育的要求,教学应该面向全体学生,目的是提升学生的综合素养。在大学英语听力技能教学中,教育技术的运用可以将"以人为本"理念体现得淋漓尽致。例如,在多媒体语音教室中,教学内容不再仅仅依靠单一的教材,而是采用多种技术,从自己的需求出发对教学内容进行选择,选择那些他们容易理解但是又稍高于自身水平的语言输入,通过不断学习与内化,转化成自身的语言能力,进而不断提升自身的听力水平。

第二,突破时空限制,改变传统听力技能教学模式。移动互联网技术的丰富性与共享性,对于传统的教学资源而言是一种冲击,课程资源不仅仅体现在书籍上,还会包含一些网络资源,甚至一些音像制品。这就是说,在移动互联网支持下,教学内容不应该仅限于课本内容,学生的学习也不仅限于被动地学习,而是转变成主动地学习。移动互联网技术体现的是一种随时随地的技术,学生可以从自身需要出发,随时随地进行学习,对自己的学习进度、学习内容加以掌控。课件的形式也呈现的是图表形式或文本形式,这从视觉层面来说,可以让学生感到舒服,也营造出一种真实的语言氛围,对传统的教师与学生的单向传导加以改变,转化为教师与学生、媒体之间的交互传导。在移动互联网支持下,教师再也不是知识的灌输者,而变成了教学的辅助者、启发者。

（四）移动互联网支持下大学英语听力技能教学的创新方法

1. 听力技能掌握法

听力的有效进行是需要一定的技巧的,因此在大学英语听力技能教学中,教师应运用移动互联网技术向学生介绍几种常用的听力技巧。

（1）听前预测:在进行听力之前,进行一定的预测是很有必要的。在教学中,教师可以指导学生在正式听听力材料之前,先浏览一下听力问题,据此预测听力测试的范围,如地点、时间、人名等,这样可使听力更具有针对性。（2）抓听要点:在听的过程中,要学会抓听要点。也就是抓听交际双方言语活动中的主要内容、主要问题、主题句和关键字等,对于一些无关紧要的内容则可以不用重点去听。(3)猜测词义:听力过程中不可能听明白每一个词,而且有时难免会遇到陌生的单词,此时如果停下来思考这类单词的意思,就会影响整个听力材料的理解。这时可以继续听,通过上下文来猜测词义,这样既不会中断思路,也能流畅地理解听力材料内容。(4)边听边记:听力具有速度快和不可逆转性的特点,听者在有限的时间内不可能听懂和记住所有的内容,此时就需要借助笔记来辅助听力活动,也就是边听边记录。听力笔记不需要十分工整,主要让听者自己能看明白就行。

2. 文化导入法

(1)通过词汇导入:依据文化语言学的内容,大学英语听力技能教学中教师应该通过词汇向学生导入文化知识,不仅可以提高学生的文化意识和素养,还能丰富学生的词汇量,为听力能力的提高奠定基础。例如,"狗"这一动物在中国文化中多具有贬义色彩,从"狗腿子""狗拿耗子"等表达中就能看出,而在西方文化中,dog深受人们的喜爱,被人们当作好朋友。在大学英语听力技能教学中,有意识地扩大学生的词汇量,丰富学生的词汇文化知识,将对学生听力能力的提升大有裨益。(2)通过网络多媒体导入:现代移动互联网技术的发展促使网络开始普及,而且在各个领域发挥巨大作用。在信息化时代,教师可以充分利用移动网络技术向学生输入文化知识。

3. 混合式听力技能教学法

(1)充分利用TED资源

TED(technology, entertainment, design)是美国的一家机构,宗旨在于用思想对世界加以改变。TED演讲的领域从最开始的娱乐领域、技术领域等逐渐向各行各业拓展。每年的3月份,TED大会在美国召开,其中参加的人物涉及商业、科学、文学、教育等多个领域,将他们对这些领域的意见和建议进行分享和探讨。TED官网的思想性、可及性等为混合式教学提供了具体的借鉴。第一,为大学英语听力技能混合式教学提供了大量真实的预料,这与传统的音频存在较大差异。传统教学中学生上课接触的语料大多为本族语为母语的优秀英语人才录制而成的,虽然也是保证了语音的纯正性,但是改变了交际的真实性。第二,如前所述,演讲的主题涉及各个领域,这与语言学习是一部百科全书的观点有着相似性,因此就有助于用于大学英语听力技能教学。

演讲者都是各个领域的一些杰出人物,传达的思想具有前沿性,这有助于提升学生的英语思辨能力。TED官网上发布的视频多控制在15分钟之内,是较短的视频,最长的也不超过20分钟,这与当前的慕课、微课教学模式相符,也符合大学英语听力技能混合式教学。演讲者是从各地来的,各种真实的情境可以让学生感受到手势、眼神、语速、重音等的运用差异。TED官网的视频虽然没有字幕提示,但是在下面会设置独立的互动文稿,并将演讲者的话语显示出来。这便于学生对听的方式进行选择,可以是纯视频的形式,也可以是"视频 + 字幕"的形式,或者是先观看视频,之后看字幕。TED官网的可及性可以让学生选择听的时间、听的内容等,学生制订符合自己学习的目标,对内容加以选择、对进度加以控制,实行自控式学习。TED视频最大的特点在于提供给学生真实的情境,通过这种真实的听,保证了语言形式、思维以及科技的融合。

(2)加入多样化教学工具

①英文歌曲欣赏。在学习的闲暇时间,学生可以欣赏一些英文歌曲,这样可以使自己身心放松,营造自身英语学习的氛围,另外,英文歌曲还可以帮助学生学习其中的一些表达方式,尤其是一些发音的技巧等,有效激发他们学习的积极性。平时,教师可以引导学生多听一些具有当地文化特色的英文歌曲,也可以选择一些有意义的歌曲,然后教师让学生了解歌词的内容,再通过听写、填空等方式为学生出题,让学生真正地听懂。

②英语竞赛视频。在平台上,还会有一些竞赛演讲的视频,学生可以通过这些视频感受其中的语音语调,感受优秀演讲者们是如何进行演讲和应变的,这样学生不仅可以提高自身的听力,还会掌握一些演讲的技巧。多听一些竞赛的视频,从不同的角度来看待问题,这样可以不断提升学生的听力理解能力。

③访谈视频。一些名人的视频对于学生的听力学习也是非常有利的,学生本身会被一些名人吸引,然后通过观看他们的视频,会带着好奇心去听、去看,这样对于提升他们的听力水平是非常有利的。当然,一般访谈的内容包含多个层面,或者是为了沟通情感,或者是为了讲授生活中的一些有意义的事情,或者是为了介绍自己的一些经历等,这些都容易引起学生的共鸣,同时还能够从他们的表情、语速中,学到一些听

力技巧以及处理一些紧急的事情的方式等。

（3）建立多元化考核机制

在评价体系上，大学英语听力技能教学要求以学生的专业能力、综合素养等作为教学目标，提倡学生展开自主学习与写作学习，这就要求在评价中必须打破传统的评价方式，即仅采用终结性评价，以教师考核为主。大学英语听力技能教学要求采用多元评价考核机制，即教师考评、学生自评、同学互评等相结合，实行终结性评价与形成评价相融合，使学生从被评对象变成主人，而教师从单一的评价者变成评价的组织者。

（4）合理设计听力翻转课堂

在课程开始之前，教师需要布置好音频与视频材料，学生自行听这些材料。在课堂开始后，教师主要负责引导，他们不再对材料进行详细的讲解，然后给学生对答案，而是用更多的时间为学生讲解听力技能，然后为学生介绍相关的背景知识。课堂形式的展开方式也可以有很多种，可以是表演形式，也可以是讨论形式等。

教师除了应用教材外，还可以自己录制或者应用他人录制好的音频或者视频，在自己录制时，设置相应的生词、短语以及句型，并添加一些背景知识，这些对于教师来说不仅可以节省时间，还可以提升学生的学习质量和效率。

教学总是围绕书本内容展开的，学生接触的英语材料是非常有限的，如果他们的语言输入不足，那么必然会对他们的语言输出产生影响，这样长期下去，学生对英语学习就失去了兴趣和积极性。另外，随着网络的发展，网络上有着丰富的教学资源，这些资源对于学生的英语学习也是非常有利的。听力与英语其他科目不同，其学习需要学生进行大量的练习，因此教师可以通过网络平台，为学生搜集相关的音频或者视频资料，让他们展开练习。

教师可以对这些网络资源进行整合，为他们的翻转课堂所用。例如，课堂教师可以从 TED 网站上选择一些音频或者视频，将视频与任务给学生布置下去，让学生有充足的时间进行观看。同时，针对学生的不同程度，可以将学习任务分开，如果学生的水平是初级的水平，那么要求他们听懂大意即可；如果学生的水平是较高水平，可以让学生自己去查找一些相关背景，让他们弄懂整篇文章，这样在课堂上他们可以相互讨论，使学生成为学习的主体。

二、移动互联网支持下大学英语口语技能教学的创新发展

口语是人与人进行交流的一个重要手段与方式,其在语言学习中非常重要。对于我国的大学生来说,大学英语口语技能教学是让学生提升口语技能的一个重要方面。但是在当前的大学英语口语技能教学中,很多学生即便学习了多年的英语,但是仍旧说不出口,这使得口语技能教学遇到了困境。当然,教师在大学英语口语技能教学中也会存在各种问题与困惑,因此就需要相关的理论进行指导。

(一)口语及口语技能

1. 口语

口语是最直接、最方便、最经济的,也是最重要的交际工具。早在人类社会发展的初级阶段,人们就已经对口语形成了初步的认识。随着人类驾驭语言能力的不断提高以及社会发展的迫切需要,人们对口语的认识更加系统化,对口语技能教学理论的研究也进一步深入。

早在古埃及时期,口语艺术就已经和劝说他人的能力以及借助修辞手段影响他人的能力紧密地联系在了一起。在古希腊,口语方式的系统的辩论方法可以追溯到公元前 5 世纪,并且在公元前 460 年左右达到它发展的顶峰:"诡辩"。相比单纯的以学习口语技巧为目的而言,人们更大的言语学习动机是向往更高的受教育程度和满足法庭辩论的需要。除了在法律和辩论方面所起的作用,口语艺术在古希腊的政治生活中也占据着举足轻重的地位。古希腊演说家及政治家狄摩西尼斯将强有力的言语形式带入公众的政治生活中,他的名字也几乎和修辞成为同义词,以至于整个文艺复兴也受到他的影响。这一时期流传下来的关于口语艺术的最著名的作品要数亚里士多德的《修辞学》(*Rhetoric*)。在此书中,口语技巧的传授被分解为三个层面的问题,即说话者、听者和言语。此书的成功之处在于综合处理了理论和实际运用的关系,在一定程度上将内容与形式合二为一。早期古希腊讲授口语技巧的教师将一些至今仍影响西方辩论模式的关键性理念引入其中,如利用概率的概念作为说服他人的工具,使言语的体系性更强,并利用情感因素说服听众。

随着古罗马文明的兴起和诸如西塞罗、昆提利安等著名学者的出

现,古希腊的修辞理论长期地在法律和政治领域得到广泛运用。而该时期人们对于口语技能教学的一些早期认识时至今日仍被认为是正确的。虽然人们对于言语的认识自古有之,然而,口语技能教学真正形成理论是在 18 世纪之后。在 18 世纪,关于言语的研究主要在于如何对语法进行正确的使用。即便如此,优雅的语言逐渐成为人们对语言进行准确使用的目标。在这一时期,出现了语法翻译法,并在 18 世纪末期盛行,这一方法是用母语来讲述外语的一种方法,在外语教学中,这一方法有着极大的影响力,并在很长的一段时间存在。因此,虽然人们对于口语语言存在着很大的兴趣,但是对当时的教育影响不大。19 世纪,随着语言教学的推进,口语理论也发生了巨大改变,这一改变尤其体现在欧洲使用的语法翻译理论被 19 世纪 80 年代的改革运动取代。改革运动的精髓主要包含如下几个层面。

（1）口语占据第一位,口语技能教学法在课堂上绝对优先。

（2）把围绕主题的相联系的语篇作为教学的核心。

在这一时期,出现了自然法、谈话法、直接法、交际法等听说领先的教学方法。到了 20 世纪 50 年代,情境教学法在法国兴起,并先后流传于英国、南斯拉夫等国家。随着录音技术的进步以及彩色出版物的出现,以言语为媒介推进语言学习成为焦点。虽然口语被运用到自然的教学中,但实际形式并不是展开自然的交流,因为要练习语法结构,必然对口语交流进行限制,因此 20 世纪上半期的口语技能教学理论实际上是自相矛盾的。

在 20 世纪 70 年代,外语教学越来越多地受到了认知理论和社会语言学理论的影响。很多语言学家也逐渐认识到,听说法将语言交际的两个层面忽略了,即过分重视语言的结构形式,却忽视语言的内容与意义。并且,听说法比较具有机械性,使得句型操练脱离了具体的语境,很难培养和提升学生的交际能力。显然这一教学法对于交际过分强调,并认为英语教学不应该如同语法翻译法那样对于语法过分强调,也不能像听说法那样对于结构过分强调,而应该从语言的表意功能出发。这样做可以将学生的中心体现出来,基于学生的实际情况对教学内容加以选择,对教学目标进行合理的确定。显然,这一教学法主要目的在于培养学生的交际能力。受到 20 世纪 60 年代乔姆斯基著作的影响并伴随着 20 世纪七八十年代"交际法"的不断壮大,语言教学领域朝着两个方向分化,并且这两方面都对当今人们对口语形式的认识产生了一定的影响。近些年,一些学者又提出了任务型口语技能教学的理论,这一模式是基于二语习得理念建构起来的,同时吸收了交际法的精髓。任务型口语技能教学将交际意义视作中心,主要是为了学生的交际能力服务。但是,由于其过分强调交际,这会让学生过分依赖交际策略,甚至也会将注意力转移到交际上,因此会使学生一定程度上丧失对整体性的理解。

2. 口语技能

在英语活动中,关于口语,可以理解为两点。

(1)口语技能。所谓口语技能,指的是口语具体表达的状态,是在掌握语言知识到形成口语能力这一过程中的一个必备环节。口语技能对于口语能力的发展有着非常重要的作用。一般来说,英语口语技能大致包含如下几点。

第一,语音语调要保证正确。

第二,词汇的运用要保证贴切。

第三,语句的基本结构要与表达习惯相符。

第四,发话人的言语反应要敏捷。

第五,语言表达应该简明。

(2)口语能力。口语能力是对口语技能的一种潜在的调节。口语能力的好坏直接决定着口语技能的好坏。口语技能即发话人通过听力、口语,与他人展开交际的一种能力,是语言能力的一种外化的表现。口语技能要求学生对所学的语言知识、语言材料进行综合运用与创造。要想提高口语技能,就必然需要口语实践,这也是最根本的途径,但是口语技能的提高并不是一蹴而就的,是一个漫长的过程。学生需要不断练习、不断说,才能不断提升自身的口语技能。当然,在这一过程中,学生也会逐渐形成自己的英语思维。

(二)大学英语口语技能教学的原则

1. 明确口语技能教学的目的

所谓目的,是指明确口语技能教学的最终目的。在口语学习过程中,学生对于自己语言中是否存在语法错误往往非常在意,也刻意追求发音是否标准。事实上,很多时候,大学英语口语技能教学与沟通并不拘泥在形式层面,因为在口语交流中语法错误是不可避免的,即便是本国人进行交流,也可能会存在语法错误。所以,学生在学习中不能仅仅为了纠错而纠错,而更加追求的是流利性,只要能够流利地将自己的意思表达出来,就说明是一个成功的交流。因此,大学英语口语技能教学应明确具体的目的,在教学中应认真聆听学生的交谈,而不要因为某个错误而打断学生讲话,中断学生思路。教师可以在学生交流结束后,针对交流中存在的一些细节问题加以指导,并且给予鼓励,这样才能激发学生大胆说英语的积极性,也能引导学生在日常生活中学会自我纠正。

2. 尊重学生的主体性

从很大程度上说,口语课能否成功与教师、学生对自身的定位是否准确有着密切的关系。传统的教学方法认为教师绝对占据课堂,学生是被动的学习地位,因此这样的课堂比较沉闷,学生也很少在课堂上发言。但是,大学英语口语技能教学应该以学生为中心,从学生出发展开教学,让学生成为课堂积极的参与者,这样才能锻炼学生的口语技能。就大学英语口语技能教学的实践来说,虽然很多学生对于口语学习情绪高涨,有着充足的动机,但是由于学生对口语课堂并未有清晰的认知,对口语也未能把握准确,因此一旦遇到交际困难,就产生了退缩的情绪。这种情绪反过来必然影响学生口语学习的积极性与主动性。因此,在大学英语口语技能教学中,教师应该将学生的口语学习积极性激发出来,具体来说需要从如下几点着眼。

第一,保证大学英语口语技能教学内容更为新颖,让口语课堂讨论的话题更能吸引学生的注意力,这样学生才能变得更为主动。第二,保证大学英语口语技能教学的形式多样,教师可以选择多样的活动形式,如课堂讨论、角色扮演等,创造愉悦的课堂氛围,激发学生口语学习的信心与主动性。第三,保证大学英语教学方法的科学,即学生在进行口语活动的时候,教师不宜纠正过多的错误,遇到一些明显的错误可以纠正,但是不宜过多纠正,主要还是鼓励为主,语气也不应过于激烈,否则学生的积极性会降低。

3. 保证口语训练的互动性

口语练习本身非常的枯燥,经过枯燥的练习,学生很容易丧失学习的积极性,甚至将口语学习抛之脑后。因此,在大学英语口语技能教学中,教师应该把握口语训练的互动性原则,不能仅仅在课堂上灌输知识,而应该与学生进行互动,明确学生练习的进度与效果。另外,为了保证口语练习的互动性,教师为学生设计的话题应该能够使他们展开互动,并且能够使他们展开有效的互动。

4. 注重教学的实用性

大学英语口语技能教学的目的在于帮助学生展开交际,在于让学生将自己想要表达的信息传达出去,因此大学英语口语技能教学的最终目的是让学生展开交流,而并不仅仅是书面传递。无论语言多么漂亮,如果学生不能在合适的场合表达出来,就会很难实现交际目的。语言与文化有着紧密的联系,在日常交际过程中,学生应该对自己的语言习惯加以培养,而不简单是将内容加以联系。语法上的某些错误并不会影响交流,但是语言使用规则上的问题应该多加注意。这就是说,大学英语口语技能教学应该展开文化教学,帮助学生渗透一些文化知识,这样学生在表达时就会明白什么场合说什么话。

在英语各项技能中,听说是相辅相成的关系,听力是口语的前提与基础,只有通过听,才能展开说,并且还需要听者反复地听,坚持不懈地听。因此,口语学习应该把握先听后说这一原则,即教师应该先提升学生的听力能力,进而提升他们的口语能力。只有这样,才能帮助学生正确发音,为学生的口语能力提升奠定基础。

5. 注重循序渐进

教师要想提升学生的口语能力,并不能急于求成,而应该坚持循序渐进的原则。因此,在大学英语口语技能教学中,教师应该从简单到复杂地展开,并引导学生将学到的理论运用到口语实践中,这样才能提升学生的口语水平。

当前,我国的大学生来自全国各地,学生的英语水平也各式各样,很多学生的发音也受到了方言的影响,因此教师在大学英语口语技能教学中应该帮助学生解决这些问题,纠正他们的发音问题,从语音语调这些基础层面进行训练。另外,教师在安排大学英语口语技能教学时,也应该把握从简单到复杂的顺序,如果教师把教学目标定得过高,学生会感到口语学习的压力,很难坚持下去;如果教师把教学目标定得太低,当学生达到了某一水平,就会沾沾自喜,也很难体会到挑战的乐趣。这就要求教师在制订教学目标时,应该把握适度原则。

口语能力的提升需要大量的练习,但口语课堂教学时间是有限的,学生的口语表达能力不可能在有限的课堂时间内得到锻炼和提升,还需要充分利用课外时间。对此,学生在开展口语学习时,应兼顾课内教学与课外教学,将课堂教学与课外活动相结合,全面提高自身的口语能力。在课堂教学练习的基础上,学生开展相应的课外活动,可以将课堂上所学习的知识在课外活动中进行充分实践,从而达到复习、巩固知识的目的。

6.兼顾准确性和流利性

关于这两点谁重要的问题,学术界展开了激烈的探讨。事实上,在口语技能教学中,这两点都不能忽视。具体来说,在大学英语口语技能教学的初级阶段,教师应该注重教学的准确性,当学生的口语学习到了高级的阶段,教师可以要求学生注重口语的流利性。当然,作为一名真正的口语训练者,不仅要求自己的口语更加自然,还要求更加流利,这一过程相当漫长,教师和学生都要有耐心,并对自己有信心。

(三)移动互联网支持下大学英语口语技能教学的优势

将移动互联网技术引入大学英语口语技能教学,不仅为大学英语口语技能教学带来了挑战,还为其提供了新的模式。因此,在移动互联网支持下,大学英语口语技能教学具有如下两点优势。

第一,有助于学生展开实时或者非实时的口语交流,扩大口语交际环境。从语言交际理论来说,口语属于一种交际活动,口语技能教学的目的是不断提升学生的口语运用能力,但是单独靠口语者自身能力是不行的。在移动互联网支持下,学生进行实时或者非实时的口语交流,这样学生口语交际的环境就不断扩大,他们也拥有了宽松的训练口语的机会,通过沟通,学生会不断地发现问题,并展开积极讨论,从而对自己的口语能力进行改善。

第二,有助于学生接触更丰富的口语资料,展开独立学习,移动互联网技术的资源非常丰富,通过移动互联网技术,学生可以接触更多、更丰富,甚至与学生联系更为密切的资料,这些资料为教师的教授、学生的学习提供了更大的便利。从建构主义学习理论出发,学生是基于一定的社会文化背景,在外界因素的辅助下,对知识加以建构。现代口语理论也指出,口语属于一种认知活动,而移动互联网技术的融入有助于学生开拓思路,展开探究性学习,从而培养自身的独立学习与创作能力。

（四）移动互联网支持下大学英语口语技能教学的创新方法

1. 文化对比法

英汉文化差异对口语交际有着很大的影响,因此在大学英语口语技能教学中,教师应加入中国文化元素与西方文化元素的对比,呈现中西方文化之间的差异。以饮食文化为例,西方人宴请客人时多考虑客人的口味、爱好,菜肴通常经济实惠。中国人为了表示热情好客,在请客时通常准备多道菜肴,而且讲究菜色搭配。引导学生进行文化对比,不仅能提高学生的文化适应性,也能减少汉语思维的负面影响,进而提高学生的跨文化交际能力。

2. 创设情境法

口语学习的目的是进行交际,所以学生只有在真实的情境中开口说英语,才能使自己的口语能力得到锻炼。对此,教师可以采用情境教学法开展大学英语口语技能教学,即创设真实的情境,让学生在真实的环境下学习口语。具体而言,教师可以通过角色表演和配音两种活动来创设情境,锻炼学生的口语能力。（1）角色表演:教师可以根据教学内容让学生进行角色扮演,将主动权交给学生,让学生自主分工、自行排练,然后进行表演。这种方式深受学生喜爱,不仅能缓解机械、沉闷的教学环境,还能激发学生说的兴趣,让学生在真实的社会场景中进行社交活动,锻炼口语能力。当学生表演结束后,教师不要急于评价学生,应先给学生一些建议,然后再进行点评和总结。（2）配音练习:配音是一种有效锻炼学生口语能力的方式,教师可以充分利用配音活动来提高学生的口语水平。具体而言,教师可以选取一部英文电影的片段,先让学生听一遍原声对白,同时向学生讲解其中的一些难点,然后让学生再听两遍并记住台词,最后将电影调至无声,让学生进行配音。这种方式可有效激发学生开口说的积极性,而且能让学生在欣赏影片的同时锻炼自己的口语能力。

3. 翻转课堂教学法

将翻转课堂教学运用于大学英语口语技能教学中,主要可以从如下几点入手。

（1）课前任务

对于教师来说，教师要进行备课，为学生制作导学案，对本次课的教学目标、内容等有明确的认识，然后让教师专门录制视频。对于学生来说，学生要提前登录平台，对导学案、视频等进行浏览与观看，对自己的学习进度进行调控，当然遇到问题的时候可以随时暂停，进行分析或者记录，最后点击课前练习，可录制音频。另外，学生与教师或者其他学生可以在线交流，并将自主练习的音频传到平台上，供其他同学品鉴。

（2）探究解决办法

教师组织学生以小组的形式展开探究，学生可以根据自己课前的自学情况，各自交流心得与看法。在这一过程中，教师要时刻注意各组的学生学习情况，保证每一名学生都能够参与其中，并且可以适当进行指导，或者个别组有问题可以为他们答疑解惑。教师组织学生根据课前练习的话题展开多种形式的课堂活动，可以是演讲，可以是问答，或者可以是复述、看图说话、分组讨论等。这些形式可以让学生积极参与其中，保持参与的欲望。在课堂上，教师应该设置有差别的巩固性练习，学生可以对题目进行自主的选择，如果学生的基础差，他们可以选择基础型的练习；如果学生的水平比较高，他们可以选择拓展型的练习。

（3）评价与反馈

当一个小组完成展示，学生需要进行自评，然后由教师给出评价。教师应该从学生各个方面的表现出发，对学生的学习情况进行客观的分析，提出专业的意见。当然，评价并不是仅仅发生在某一个环节之后，而是应该贯穿其中。

三、移动互联网支持下大学英语阅读技能教学的创新发展

英语阅读属于英语语言学习的一项重要技能，是培养语感的一种较好的办法，也是扩大词汇量的一个重要途径。同时，阅读还可以充实学生的知识。英语作为一门通用语言，其地位越来越高，因此对于阅读技能的研究也逐渐进入人们的视野，成为人们的焦点。基于这样的背景，对于阅读技能及教学策略的研究显得非常突出。

（一）阅读理解及阅读模式

1. 阅读理解

在学生学习英语时，阅读是必须要掌握的一项技能，也是对学生英语水平进行衡量的一项重要指标。通过阅读，学生可以获得丰富的信息，拥有丰富的体验，感受语言带给自己的文化魅力。但是，阅读并不是简单地接收信息的过程，还是一种复杂的交际与思维活动，其不仅受到语言能力的影响，还会受到文化因素的影响。因此，在阅读技能教学中，只有重视对文化内容的教授，并将跨文化内容融入英语阅读实践中，才能真正地提升学生的阅读理解与应用能力。在英语这门语言的学习过程中，阅读能力一直都发挥着重要的作用，因此很多国家都十分重视阅读。例如，美国做过"美国阅读动员报告"，英国启动了"阅读是基础"运动，两国还投入了大量人力和财力来推动国民阅读能力的培养。在中国教育教学中，阅读能力也深受重视。关于阅读的定义，不同的学者发表了不同的看法。

纳托尔（Christine Nuttall，2002）对阅读的理解总结为以下三组词。

（1）解码，破译，识别。

（2）发声，说话，读。

（3）理解，反应，意义。[①]

"解码，破译，识别"这组词重点关注阅读理解的第一步，也是十分关键的一步，读者能否迅速识别词汇，对于阅读者而言有着重要的影响。"发声，说话，读"是对"朗读"这种基本阅读技能的诠释，这属于阅读的初级阶段。朗读是将书面语言有声化，在各种感官的共同作用下加快对阅读内容的理解，这有助于语感的培养。通常，随着阶段的提升，读的要求会从有声变为无声。"理解，反应，意义"强调阅读过程中意义的理解与交流。在这一过程中，读者不再是被动接收阅读材料中的信息，而是带着一定的目的，积极地运用阅读技巧去理解阅读材料的主要信息。

Aebersold（2003）认为，读者和阅读文本是构成阅读的两个物质实

[①] 孟银连.高中英语阅读技能教学中文化知识教学调查研究 [D].重庆：重庆师范大学，2018.

体,而真正的阅读是二者之间的互动。

王笃勤(2003)指出,阅读是一项复杂的认知活动,是读者提取文本中的信息并与大脑中已有的知识结合,从而建构意义的过程。读者理解阅读文本的过程中主要涉及三种信息加工活动,分别是对句子层面、段落或命题层面、整体语篇结构的分析活动。

由上述定义可以看出,很多学者都认为阅读涉及读者和阅读文本,并且认为阅读是这二者之间的交流互动。简单而言,阅读就是读者积极运用已经掌握的语言知识和背景知识等对语言材料进行处理,同时获取信息的过程。

2. 阅读模式

(1)自下而上模式

自下而上模式起源于19世纪中期,是一种较为传统的阅读模式。所谓自下而上,即从低级的单位向高级的单位加工的过程,低级的单位即基本的字母单位,高级的单位如词、句、语义等,从对文字符号的书写转向对意义理解的过程。也就是说,自下而上的阅读模式是从对字母的理解转向对文本意义的理解。显然,这一过程是有层次、有组织的。因此,读者要想对语篇有所理解,就必须从基本的字母入手,理解某个词的意思,进而理解句子、语篇的意义。

(2)自上而下模式

自上而下的模式与自下而上的模式正好是相反的,产生于20世纪60年代,是读者基于自己的知识结构,通过预测、检验等手段对阅读材料进行加工理解的过程。自上而下的阅读模式是以读者为中心,侧重于读者自身的背景知识、自身的兴趣对阅读产生的影响。著名学者古德曼(Goodman)指出,阅读可以被视作一种猜字游戏,读者运用自身已有的知识结构,减少对字母等的约束和依赖。在阅读中,读者需要对语篇结构进行预测,并从自身的知识出发理解语篇。

(3)交互作用模式

交互作用模式起源于20世纪80年代,这一模式即运用各个层面的信息来建构文本。但是,交互作用模式是一种双向的模式。交互作用模式是将上述两种模式融合在一起,其涉及两个层面的内容。

第一,读者与语篇之间的相互作用。

第二,较高层次技能与较低层次技能之间的相互作用。

就文本理解而言,自上而下的模式相对来说比较重要;对词汇、语法结构而言,自下而上的模式相对来说比较重要。如果将两种模式的精华提取出来并加以综合,就成了交互作用模式,其便于对语篇的整体理解。可见,这一模式是最为实用的模式。

(二)大学英语阅读技能教学的原则

1.把握阅读目的

(1)根据不同的阅读目的运用不同的教学方法

根据阅读时的发音情况,阅读分为两种:一种是朗读,一种是默读。根据阅读的方法与要求,阅读又可以划分为两种:一种是精读,一种是泛读。

朗读作为一种能力,在交际中的用处并不大,却是教学中的一项必要方式和手段。在大学英语阅读技能教学的初级阶段,教师应该培养学生的语音语调技巧。在现实生活中,默读这一手段非常重要,也是获取信息的主要方式,其在快速阅读技能教学中体现出来,因此教师应该重点训练学生的默读能力,提升他们的阅读速度和水平。精读主要是要求学生理解语篇意义与知识,培养他们分析语篇的能力。泛读主要侧重阅读的流利度和广度,以提升学生的综合能力为目的。基于上述不同目的,在大学英语阅读技能教学中,教师应该从学生的不同阶段出发,制订不同的阅读目的,选择不同的阅读方式,从而不断培养学生的阅读技能。

(2)配合不同目的的阅读训练,选用适当的阅读材料

材料的输入是否恰当,影响着学生阅读能力的提升。在展开大学英语阅读技能教学之前,教师需要对学生的现有语言知识进行分析,并考虑阶段教学的重点,从学生的需求出发,选择恰当的阅读材料,保证难度、词汇量等恰当,并且富有交际性与趣味性,这不仅能够调动学生的积极性,还能帮助他们拓展思维,提升阅读能力。在进行备课之前,教师可以对课本进行充分的利用,从不同的阅读目的出发,对课文进行处理,在进行泛读与速度教学的时候,辅以不同题材、不同体裁的阅读材料,便于对学生的阅读技巧进行训练。

2.以学生为主体

根据阅读技能教学的理论,阅读过程是一个语言与思维相互作用的

主动的过程,也是一个创造性学习的过程。学生基于教师的正确指导,在以学生作为主体的大学英语阅读技能教学活动中,逐步展开有效的阅读。这就是说,在大学英语阅读技能教学中,教师应该对教材进行认真的钻研,考虑阅读的目的与内容,为学生设计多种多样的教学活动,但是一定要凸显学生的主体地位,从而激发学生的阅读兴趣和积极性,使他们愿意读。

3. 注重词汇积累

对于英语阅读而言,词汇是必不可少的组成部分,也是顺利进行阅读的基础。作为一名英语教师,应该理解词汇在阅读理解中所扮演的角色。学生理解基础词汇,有助于他们在阅读上下文时猜测出一些低频词汇的含义。根据研究显示,那些经常阅读学术性文章的学生对术语应付的能力要明显强于应付一般词汇的能力。因此,学生如何积累一般的词汇是教师需要关注的问题。在词汇积累教学中,单词网络图是比较好的方式。在英语阅读课堂上,教师可以给出一个核心概念词,然后让学生根据该词进行扩展,从而建构其他与之相关的词汇。需要指出的是,高频词教学在词汇积累中是非常重要的,其有必要渗透在英语听、说、读、写、译教学之中,并在细节层面给予高频词过多的关注,这样才能便于学生顺利完成阅读,并根据这些高频词顺利猜测陌生词语的意义。

4. 理解文化语境

文化语境知识即所谓的背景知识,是读者在对某一语篇理解的过程中所具备的态度、价值观、对行为方式的期待、达到共同目标的方式等外部世界知识。在大学英语阅读技能教学中,背景知识是重要的组成部分,尤其是对母语为汉语的人来说,阅读那些源自汉语文化背景的著作要容易一些,但是阅读那些不同文化背景下的相关著作必然会遇到困境。要想对以英语文化为背景的语篇有着深刻的理解,必然需要具备相关的文化语境图式,这样才能实现语篇与学生文化背景图式的吻合。读者的背景知识会对学生的阅读理解产生影响。其中,背景知识包含学生在阅读语篇过程中所应该具备的全部经历,包括教育经历、生活经历、母语知识、语法知识等。如果教师通过设定目标、预测、讲解一些背景知识,读者的阅读能力就能够大幅度提高。如果学生对所阅读的话题并不清楚,教师就需要建构语境来辅助学生的学习,从而启动整个阅读过程。

具体来说,教师在备课之前,首先应该准备好教材,弄清楚在大学英语阅读技能教学中出现的一些文化空白情况,精心选择阅读材料,或者给予学生一些线索,让学生通过一些自己的方法获取其中的文化知识。当然,教师的课堂教学时间非常有限,学生不能将所有不熟悉的文化知识进行解决,这时就需要教师起到辅助的作用。教师需要明确学生遇到的问题,然后帮助学生对所学的知识和材料进行理顺。

5. 兼顾速度与流畅度

大学英语阅读技能教学存在一个严重的困难就是,虽然学生具备了阅读的能力,但是很难进行流畅的阅读。也就是说,当教师将更多的关注点放在学生阅读的准确性上,而忽视了学生阅读的流畅性。这就要求教师在大学英语阅读技能教学中应该寻找一个平衡点,不仅帮助学生提高阅读的速度,还要保证学生阅读的流畅性,这是大学英语阅读技能教学培养速度的最终目的。一般来说,学生阅读的过程不应该被词汇识别干扰,而是应该花费更多的时间研读内容及语言背后的文化。要想提升阅读的速度,一个好的办法就是反复进行阅读。学生通过反复的阅读,直到实现速度与理解的结合。

(三)移动互联网支持下大学英语阅读技能教学的优势

移动互联网技术为大学英语阅读技能教学提供了一个新的模式,开辟了一个新的领域。在移动互联网支持下,语言更具有趣味性,教师考虑自己的教学对象,选择适合他们的教学手段与方法,从而实现情境性教学。因此,移动互联网支持下的大学英语阅读技能教学具有明显的优势,具体包含如下几点。

第一,移动互联网技术为阅读技能教学提供了丰富的材料。在阅读技能教学中,教师可以从网上获取更多的阅读材料,通过自己的筛选,从而指导阅读技能教学。同时,学生自己也可以进行搜索与浏览,提升自己的阅读能力,加深自己对阅读知识的理解。另外,传统的英语阅读将字典视作工具书,不仅携带非常不方便,而且学生查询也非常不方便,甚至很多时候查询到的结果也是自己不想要的。相比之下,网络为学生提供了一个虚拟的图书馆,容量非常丰富,也方便学生查询。

第二,学生可以调控自己的阅读进度,变被动学习为主动学习。传统的阅读中,学生对辅助的工具很难进行随心所欲地控制,往往自己的阅读学习是被动的学习。在移动互联网支持下,学生可以随意展开调节,对自己的学习速度加以控制。

（四）移动互联网支持下大学英语阅读技能教学的创新方法

1."阅读圈"教学法

"阅读圈"指的是学生展开自主阅读、讨论并进行分享的一种手段。[1] 在大学英语阅读技能教学中,"阅读圈"教学法主要包含以下几个实施步骤。

（1）设计任务

教师将某一个文化专题作为教学内容,明确教学目标,选择学生在课堂以及课外需要阅读的材料,设计与学生相符的任务,并让学生进行分析和讨论。

（2）布置任务

在这一环节,教师安排学生组成"阅读圈",每个小圈子为 6～7 人。之后,教师向学生讲解阅读圈教学模式的理念、要求和规则,告知学生的学习重点和内容。此外,教师可以鼓励学生在自己的阅读圈内承担一定的角色,具体角色示例如表 5-1 所示。

表 5-1 阅读圈各成员的角色分配示例

角色	具体任务
讨论组织者	主持整个讨论过程,并准备相关问题供圈内成员讨论
词汇总结者	摘出阅读材料中与文化专题相关的重点词汇和好词好句,引导圈内成员一起学习
总结概括者	对所有阅读材料的文化元素和内容进行总结并与组员分享,总结、评价小组活动的内容和成果
语篇分析者	提炼阅读材料中重要的语篇信息,并与圈内成员分享
联想者	将所读材料与文化专题相对应的中国文化的内容建立联系,结合最新的社会文化发展动态进行批判性评价
文化研究者	从阅读材料中找到与自己相同、相近或者不同的文化元素和内容,并引导圈内成员进行比较

（资料来源：刘卉,2018）

---

[1] 刘卉.英语文化教学中阅读圈教学模式的构建与探索 [J].教育现代化,2018,（45）.

（3）准备任务

在布置完任务之后,教师需要引导学生展开思考,让学生将需要讨论的问题以及获取的结果用文字表达出来。另外,由于阅读圈内各个成员所担任的角色各不相同,因此教师应该鼓励学生明确自身的任务、完成自身的任务,将自己的看法表达出来。

（4）完成任务

在教师的指导下,学生通过自身努力完成相应任务,各个小组就可以进行汇报,对所阅读的内容进行加工与拓展,确定汇报的内容,最终用PPT展示出来。

（5）评价任务

当学生各自汇报完自己的学习成果时,就可以进入评价阶段了。评价可以是学生自评,也可以是同学互评,还可以是学生和教师共同评价。

2. 文化图式法

图式理论强调阅读的本质是读者及其大脑中所理解的相关主题知识与阅读材料输入的文字信息之间相互作用与交互的过程。图式理论是一种关于阅读研究的科学理论,其不仅强调文化背景知识与文化主题知识的重要性,还并未忽视词汇、语法在阅读中的重要作用。下面通过读前、读中、读后三个阶段进行详细的分析。

读前阶段是信息导入阶段。在这一阶段,要发挥出图式在阅读之前的预测功能。教师可以组织学生参加一些讨论、预测或者头脑风暴等活动,从而将学生头脑中的图式激发出来。在这一阶段,通过自上而下的阅读,可以将学生头脑中的先验知识与文本相结合,从而激活与构建学生的图式,为学生进一步的阅读埋下伏笔。

读中阶段是文化渗透阶段。在这一阶段,要发挥出图式的信息处理功能。学生们根据自上而下的模式来探究文章的整体思路。一些新的文化知识可以通过自上而下的阅读模式获得,从而构建内容图式与阅读技巧。在读中阶段,略读、细读等都是比较好的策略。

读后阶段是文化拓展阶段。在这一阶段,要发挥出图式的记忆组织功能。教师可以通过各种活动对学生的新图式加以巩固,如辩论、角色扮演、讨论等。图式理论指出学生存储在大脑中的图式越丰富,学生的预测能力就越强。因此,课外阅读是非常重要的。

具体可以通过图 5-3 体现出来。

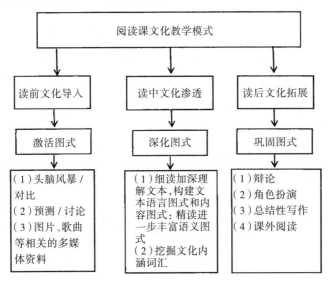

图 5-3　阅读文化图式模式

（资料来源：马苹惠，2016）

（1）阅读前阶段

头脑风暴法。在英语阅读中，头脑风暴法常被用于导入环节之中。学生通过这一方法可以展开丰富的联想，从而刺激头脑中形成新的图式。因此，教师在文化导入过程中要考虑话题的需要，为学生创设合理的头脑风暴，让学生更好地融入课堂之中。

例如，在讲解与音乐相关的内容时，教师可以对音乐类型进行头脑风暴，从而让学生们想象到 rap，folk music 等类型。在这些音乐中，也可以让学生对比中西方音乐的不同，从而吸引学生学习的兴趣和积极性。

预测与讨论。在阅读之前运用图式理论时，教师应该发挥学生推理的能力。学生通过对文本材料进行解读与推理，从而刺激自身的图式。例如，还是以音乐为例，教师在讲授门基乐队成立的情况时，可以提出 5W，从而帮助学生更好地预测文本信息，之后鼓励学生通过讨论预测具体的文本内容。

运用多媒体资料。在文化导入阶段，教师应该善于运用多媒体资料，从而让学生更好地体验文化教学的特色。通过多媒体，学生可以更直观地感受语言知识，了解中西方语言文化的差异，刺激学生的图式，让学生在激活自身图式的基础上进行下一步内容图式的拓展。

（2）阅读中阶段

在读中阶段,教师可以在这一阶段进行文化知识的渗透,进一步对学生的内容图式加以丰富,从而让学生更好地展开阅读。在大学英语阅读技能教学中,教师采用扫描、略读等策略帮助学生构建灵活的图式,促进学生激发头脑中与之相关的图式,从而便于学生更好地理解文章。在细读阶段,教师要帮助学生挖掘与语篇相关的文化内涵,扫除他们在正式阅读中的障碍。首先,可以通过略读和扫描法,让学生大致了解文章的大意,从而使学生获得对文章的总体信息与思路,这是帮助学生建构相关内容图式的有效路径。扫描法是学生根据教师的指令,能够在文章中找到特定的信息。其次,可以通过细读,根据上下文,让学生明确每一个单词的含义,尤其是那些具有文化内涵的词汇,从而丰富学生的内容图式。

（3）阅读后阶段

在读后阶段,主要是充分发挥学生头脑中的记忆功能。一般来说,读后的文化拓展的方法主要有如下几种。第一种是辩论。教师可以针对文本材料中的相关内容,选取一些视角展开辩论,学生在辩论中对与文本相关的内容图式加以巩固。同时,通过辩论,学生也可以更好地理解文本的文化内涵与文化背景知识。第二种是角色扮演。学生通过学习与文本相关的文化知识,从而丰富自身的文化内容。然后,学生带着角色有目的地重新阅读文本,教师引导学生对文本进行改变或者情景模拟,从而激发学生学习的兴趣和积极性,提高他们在真实语境下对文本综合运用的能力。第三种是总结性写作。这一方式有助于学生加深对文本的理解,让学生将文化知识从短时记忆转向长时记忆。第四种是课外阅读。除了课后巩固之外,教师还应该鼓励学生展开课外阅读。通过大量的课外阅读,学生可以提高学习的自主性,而且还能在阅读中不断丰富自身的内容图式。

3. 网络辅助法

将移动互联网技术与大学英语阅读技能教学相融合,即大学生可以利用移动互联网技术搜索与学习自己喜欢的英语知识。但是,这并不意味着学生的网络搜索是漫无目的的,其中离不开教师的指导与引导。如果教师对学生的阅读学习不管不问,那么即便移动互联网技术再发达,学生自身的阅读兴趣以及阅读能力也是很难有效提升的。因此,大学英语阅读技能教学中融入移动互联网技术离不开教师的充分参与。具体而言,教师可以采用如下几种方式。

（1）运用网络激发学生兴趣

教师可以利用移动互联网技术为学生的英语阅读创建一个平台,让学生充分参与其中,利用这一平台来扩展自己的阅读能力。利用移动互联网技术,教师可以为学生准备阅读的丰富资料,实现阅读资源共享。在教学过程中,教师可以依据教材中的内容为学生建立一个网络阅读资料库,将教材中阅读的重点、难点都上传到网络上,同时为学生补充适当的课外知识,以拓展学生的阅读视野。此外,为了避免学生在阅读学习中出现乏味情绪,教师还可以在学生阅读的材料中添加一些图片、视频、漫画、音乐等,在材料的格式、设计上也可以体现自己的特点,让学生爱上英语阅读。

（2）科学合理地选择阅读材料

显然,学生阅读能力的提高离不开大量的练习,因此就要求教师为学生准备科学的阅读材料。在移动互联网技术的帮助下,教师可以为学生找到一些贴近课堂教学内容的阅读材料。在开始上课之前,教师可以为学生布置一些阅读要点,让学生自己上网搜索浏览,这可以在一定程度上培养大学生的查询以及获取信息的能力。随后,教师将自己所准备的阅读材料发给学生,让学生通过小组的形式阅读与交流,并分享心得。等到课堂结束的时候,教师可以安排学生对这次阅读活动进行总结,每一位学生都要写出总结报告,然后教师对学生的报告给予口头评价。

（3）科学地进行评估与分类指导

教师除了利用移动互联网技术在课堂上授课之外,还可以利用移动互联网技术对学生的学习成果进行评估。在设计一套合理教学评估方案之前,教师可以利用网络技术搜索与阅读相关的评价理论或内容,进而结合自身所教授的阅读材料中的生词、语法、词汇量、句法等知识来设计评估内容,如此获取的评估结果将可以充分了解学生的阅读水平。同时,教师还可以对学生的评估结果进行线上统计,对学生阅读的时间、阅读的效率也要有充分的了解。

四、移动互联网支持下大学英语写作技能教学的创新发展

写作是一种非常复杂的思维过程,是人们传达思想与情感的一项重要手段。在大学英语教学中,写作技能教学是其重要的部分,是对教学效果进行衡量的一项重要标准,也是提升学生思维能力的有效途径。我国学生在写作过程中会出现很多问题,这也说明我国的大学英语写作技能教学需要不断完善。

(一)写作及写作过程

1. 写作

写作是人们传达思想与情感的一种书面形式,其与口语是同等的地位,都属于对语言的重要输出。写作的过程是非常复杂的,其需要复杂的思维,并受到知识、技能、风格、内容、结构等多个层面的影响和制约。如果要想写出一部完美的作品,首先需要保证风格的统一与结构的完整。需要指出的是,写作并不是简单从视觉教学编写,而是一个对各类问题与信息展开加工的过程。一般来说,写作的目的也是非常明确的。根据写作目的的不同,写作形式有论文、报告等多种形式。

通过写作,可以实现如下两大功能。

首先是为了学习语言而展开写作。通过写作,学生可以对自己所学的词汇、语法、语篇知识加以巩固。其次是为了写作而展开写作。因为通过写作,学生可以将自身的观点表达出来,从而锻炼自身的手和脑,强化自身的写作学习,提升自身的写作能力。简单来说,英语写作是运用书面形式传达思想与情感的。但是,语言与文化关系密切,是否能够准确地理解文化对写作有着直接的影响。汉语往往呈现整体性与象征性,而英语呈现的是逻辑性与明确性,因此在写作时,学生切不可用汉语的思维展开英语写作,这样写出的文章很难让人理解。

2. 写作过程

写作是写作者将头脑中的信息转化成书面形式的过程,是一个非常复杂的心理活动。具体来说,写作过程可以归纳为如下几点。

（1）构思

构思即所谓的写作计划，是写作者按照一定的要求，在头脑中预先想好自己要准备什么、要表达什么，并在头脑中建构一定的脉络。在写作中，这一阶段非常重要。构思是一种思维能力，也是一种方法。在进行写作时，除了要在头脑中搜寻与写作相关的材料与信息，还要对其进行加工与组织，这就是所谓的谋篇布局。显然，在写作者的头脑中，要先建构一个缜密、严谨的文章轮廓。

（2）转译

转译是将作者头脑中的构思转化成文字符号的过程，即将写作者的所想用文字表达出来的过程。在写作过程中，涉及多种转译，具体来说包含三级转译。

第一级转译：从头脑思维转向内部言语。

第二级转译：从内部言语转向外部言语。

第三级转译：从外部言语转向书面文字。

显然，写作转译的过程是起草的过程，是将写作者头脑中的思维转化成文本的过程。当然，在起草初稿的过程中，要求写作者建构文章的整体结构，并且使文章的内容与主题相符合，同时兼顾语法、标点等内容。

（3）修改

初稿完成之后就需要修改，即所谓的润色与加工阶段。只有润色与加工之后才可以定稿。修改涉及写作者对初稿的文章脉络、内容、语法、标点等进行修改。在西方学界，修改受到重视，因为修改被定义为一种再创造的过程。具体来说，修改包含三个层面。宏观修改，指从整体出发对文章的脉络等进行修改，包括内容、风格、文体等层面。微观修改，即对文章的句子、段落等细节进行修改，保证句子与句子之间、段落与段落之间的完整性。校读，即对语句、标点等技术性错误加以修改，保证文章的规范与通畅。

（二）大学英语写作技能教学的原则

1. 保证任务设计的恰当性

大学英语写作技能教学的恰当性是指写作任务的设计应该恰当。具体来说，写作任务需要具备如下两点特征。

第一，能够激发学生思想交流的需求，使学生有内容进行写作。

第二，对于学生语言能力提升有帮助，如增加词汇量、学习新句型等。

这两点虽然是作者对写作方法的要求，但是也是对写作任务的设计要求。具体来说，如果教师要想设计出一个好的写作任务，那么就需要与学生的实际相符，让学生有充足的内容与经验展开写作。同时，还需要符合学生实际的语言能力，这样才能完成写作，将理论知识运用到具体的实践之中。

2. 确保训练方式与表达的多样性

大学英语写作技能教学中需要坚持多样性原则，主要体现在训练方式与表达方式上。从训练方式上说，教师应该采用多样化的方式，如可以通过扩写、仿写等办法训练学生的写作能力，同时教师应该把握好每一种方法的优缺点，让学生在多种方法下掌握适合自己的方法。从表达方式上说，教师应该引导学生在写作中运用多种表达方式，这样的写作才是灵活的写作。这不仅可以对学生写作中的问题加以弥补，还可以提升学生的灵活运用技巧。这样写出来的文章才能更引起读者的注意。

3. 凸显学生的主体性

在大学英语写作技能教学中，首先需要凸显学生的主体性，对学生的主体性予以尊重，从学生出发来展开教学。只有将学生的兴趣和积极性激发出来，提升学生的主动性，才能让学生占据主体的地位。当然，让学生占据主体性的方式有很多，其中最有效的一种手段就是小组讨论。另外，教师是否组织小组讨论、小组之间如何展开小组讨论属于过程教学法的内容，也是过程教学法的关键层面。教师在小组讨论中，不仅可以采用提问的形式，也可以采用卷入的形式，让学生集体进行作答，还可以采用互相帮助的形式。总体来说，主要是让学生参与其中，将学生的自主性发挥出来，进而让学生在活动中完成自己的写作。

4. 注重范例引路

就学生而言，学生在进行英语写作时，往往会出现如下两点困境。

第一，想说很多话，但是不知道如何下笔。

第二，没有什么话说，或者只能说一点点，不能深入地进行探讨和分析。

因此,在大学英语写作技能教学中,教师应该帮助学生解决上述问题,其中最好的办法是让学生进行模仿。

在英语写作中,模仿这一方法非常有效,教师在让学生写作的时候,可以为学生提供一些精美范文,学生根据范文进行写作,这样他们写出的文章才能更合理、地道。另外,教师也可以在学生写完之后给学生提供一些范文,让学生将自己写的内容与范文展开对比。这样有助于学生发现自己写作中的不足,找出自己写作中的问题,从而快速地提升自身的写作水平。需要指出的是,教师提供的范文应该在格式、内容、修辞等层面都能够对学生有所帮助,从而让他们掌握一些写作的知识。

(三)移动互联网背景下大学英语写作技能教学的优势

由于移动互联网技术自身的特点,其运用到大学英语写作技能教学中有着明显的优势,具体而言体现为如下几点。其一,能够激发学生写作的积极性,消除学生的写作焦虑,让他们愿意写作。其二,有助于让学生积极参与其中,发挥学生的主体性,让学生主动参与评价,评价自身的写作。其三,能够让文章修改更为轻松,学生也不必忍受抄写的痛苦。其四,能够让写作技能教学与写作训练更为直观与形象。

(四)移动互联网支持下大学英语写作技能教学的创新方法

1. 文化教学法

当前,大学英语写作技能教学应该重视让学生积累丰富的文化知识,摆脱汉语负迁移作用对学生英语写作的影响。在日常的写作中,如果学生遇到困难的句子,他们往往会选择用汉语思维对句子进行组织,导致出现了明显的语言错位,这就是受汉语负迁移作用的影响导致的。因此,在大学英语写作技能教学中,教师除了对学生的词汇、语法等语言知识进行训练,还需要训练他们的文化知识,避免学生出现负迁移的现象。同时,教师应该鼓励学生多进行阅读,让他们在阅读中挖掘文化知识,从而对自己的语言进行充实,写出一篇得体的文章。

2. 结果教学法

早期的大学英语写作技能教学主要源自修辞学研究,到了 20 世纪

60 年代,大学英语写作技能教学才转移自身的注意力,集中于文学作品的分析与理解层面,目的在于通过分析这些文学作品,掌握这些作品的写作手法,从而进行模仿,写出自己想写的东西。因此,人们将这种写作技能教学方法称为结果教学法。

结果教学法是一种从句子层面考虑的教学方法,其对学生遣词造句的能力非常看重,并且要求进行句子组合与语法训练,要求学生的能力从句子入手进而发展到语篇层面。教师关注的重点是学生写作的结果。结果教学法一般过程是,教师首先解释某一种修辞手段,然后要求学生对一个作品进行阅读,并在课堂上分析这一作品,接着教师会根据之前的阅读作品,为学生设置一些写作任务。在这样的过程中,教师可以为学生提供一些范文,最后由教师进行讲评。之所以将结果教学法用于写作技能教学之中,是因为其侧重于语言的准确与作文质量。结果教学法在大学英语写作技能教学中的应用非常广泛,国内的英语写作教材都是根据结果教学法设计出来的。在具体的实践中,结果教学法存在明显的差异。总体说来,这种教学法非常侧重语言知识的运用,要求文章中要恰当使用词汇、句法、衔接手段。从段落上说,非常看重段落的组织形式,即要求写作中运用何种模式组成段落。

结果教学法一般把写作分为四个环节。

(1)熟悉范文:教师选择一篇范文展开介绍,对其中的修辞模式、结构模式、语言特点展开分析。

(2)控制性练习:教师指出范文中的某些例句,然后让学生进行替换,之后学生根据教师的指导组句成篇。

(3)指导性练习:学生根据范文进行模仿,运用之前脑海中存储的句式进行写作,尝试写出类似的文章。

(4)自由写作:在这一阶段,学生可以自由进行发挥,这样使得写作技能逐渐成为自身的一种能力。

但需要指出的是,结果教学法并未考虑写作本身的复杂性,从而导致学生在写作中遇到的困难也并未被重视起来,学生的整个过程都是基于教师的控制完成的,并未自由地展现出学生的创作能力,因此写出来的文章往往比较空洞。

3. 综合教学法

所谓综合教学法,是指将写与听、说、读几项基本英语技能相结合,使之相互作用来提升学生的写作能力和培养学生的英语综合能力。

（1）听、写结合

听是语言输入性技能，可以为写作积累丰富的素材，加快写作的输出。具体教师可以采用边听边写和听后笔述或复述的方式开展教学。边听边写可以是教师朗读，学生记录，也可以是播放录音，学生记录。听写的内容可以是课文内容，也可以是其他故事或内容。听后笔述或复述是指教师以较慢的语速朗读或者录音播放听写材料，一般朗读或播放两至三遍，在这一过程中学生只听不写，在朗读或播放录音完毕后，教师要求学生凭借记忆进行笔述或复述。在笔述或复述时，学生不必拘泥于原文的词句，也不用全部写出或背诵出，只要总结出大意即可。这种方式能有效锻炼学生的语言组织和概括能力。

（2）说、写结合

说与写密切相关，说是写的基础，写与说相互贯通。以说带写，可以有效激发学生的写作兴趣，提高学生的写作能力，还能锻炼学生的口语表达能力。具体而言，教师可以采用改写对话和课堂讨论的方式开展教学。

（3）读、写结合

读与写的关系十分密切，通过阅读可以获取大量写作所需的素材，通过写作可以进一步巩固阅读能力。写作作为一种输出活动，是离不开语言知识的输入的，如果没有语言知识的积累，将不可能写出内容充实的文章。而阅读作为积累语言知识的重要途径，将能为写作奠定良好的基础。

4. 语块教学法

受负迁移作用的影响，学生习惯用汉语思维来组织文章，这样很容易出现各种错误，如句式单一、语言不通顺等。因此，在移动互联网支持下，教师可以采用语块教学法展开大学英语写作技能教学。

根据语块教学法，本族语者之所以能够表达顺畅，是因为他们在脑海中会存储一些各种情境下的语块，而不是某一个词。在发话或者写作中，他们可以调用这些语块，无须进行排列加工。这样的语言输出才更有速度与质量。同样，将这一理论运用到大学英语写作技能教学中就是要求教师应该对学生加强语块训练，让学生脑海中形成整体的语言知识，以语块来组织写作练习，这样写出来的文章才具有整体性与格局性。

五、移动互联网支持下大学英语翻译技能教学的创新发展

在英语学习中,翻译是其中的一项主要技能,其是英汉语言的桥梁,是跨文化交流的纽带,在跨文化交流中起着十分重要的作用。甚至很多时候,翻译与跨文化交流的成败有着密切的关系。因此,在大学英语教学中,搞好翻译技能教学非常重要。

(一)翻译及相关理论

1. 翻译

翻译学是一门跨学科的综合性学科,它涉及的许多相邻学科便成为研究翻译的多种途径。译者源语理解能力强,译语驾驭能力强,那么他对翻译本质的认识就越是深刻。但这种对翻译本质的认识都必须建立在一定的翻译意图基础之上。我们知道,任何作者都有自己写作的意图、表达的主题,以及实现写作意图、完成表达主题的手段。[①]"意图"和"主题",也就是通常所说的内容(即下文所说的理、事、情、象)。"手段"就是形式(即下文所说的音、字、句、篇)。同样,任何译者也都有翻译意图以及实现意图的手段。这里的翻译意图既可以是指译者自己的意图,也可以是以作者的写作意图为自己的翻译意图。在写作过程中,意图和主题对作者具有操控作用;同样,在翻译过程中翻译意图对译者具有操控作用。关于怎样用译语来实现作者的意图、表达原作的主题,不同的译者往往有不同的看法。正因为不同的译者有不同的看法,从而决定了译者对其他翻译要素的态度。因此,翻译本质在翻译的要素中占有极其重要的地位。

译者对翻译本质的看法最初几乎是与翻译实践同步出现的,它既体现在译者对翻译的直接论述上,同时又体现在译者的翻译作品之中(最初是体现在口译中,而后才体现在笔译中)。翻译实践在我国历史上很早便开始了。从《周礼》《礼记》都有翻译官专门指称的记载便可知道。《册府元龟》的《外臣部·辑译》记载:"象胥掌蛮夷闽貉戎狄之国,使掌

---

① 颜林海.英汉互译教程[M].北京:科学出版社,2015.

传王之言而谕说焉。""象胥"乃古代翻译官的称呼。尽管我国先秦诸子百家的著作中很难找到有关翻译的详细论述,但《礼记·王制》的论述,却揭示了翻译的本质。翻译的本质是译其心译其意。要译其心译其意就必须首先获其心获其意,而获其心获其意的方法有两种:分析研究与切身体验。

（1）分析研究

分析研究,包括精研细读和知人论世。精研细读要求译者对所译文本的语音、字词、句式、篇章加以精细的研究分析,明确作者措辞的用意和目的以及表达的内容和情感。知人论世是中国古代文学批评的原则和方法,其目的是要求人们客观地理解文本及作者的意图,避免误读。翻译中的知人论世,是指译者在翻译过程中对文本所涉及的人名、地名等相关信息加以综合分析,包括如下几点。其一,对作者的生平、历史背景和总体写作风格的了解。其二,对所译原文的意图和风格的了解。其三,对作品中涉及的人物(包括虚拟人物、真实人物)、地名(包括真实地名和虚拟地名)等的了解。其四,对事件(包括真实事件和虚拟事件)等的了解。其五,对所用字词的字形、词源的了解。其六,对译文意象、典故的了解。翻译过程中,如有可能,译者可以与作者和研究者进行沟通,了解作者的写作意图,寻求解答翻译过程中所遇到的一切问题。如果无法与作者沟通,则切身体验。

（2）切身体验

切身体验包括"设身为作者"和"设身为人物"。设身为作者时,要扣心自问:为什么要这么写？这么写有何意图？想表达什么样的情感？正如茅盾所说"把译者和原作者合二为一,好像原作者用另外一国文字写自己的作品"。设身为人物时,译者要想象自己就是作品中的人物,经历作品中的一切情景,包括情感体验以及人物之间的关系等。

2. 翻译理论

（1）衔接理论

在语言研究中,专家学者都关注过照应、替代、省略、连接等修辞手段及使用规则,但都没有系统的研究。直到韩礼德（Halliday）与哈桑（Hasan）（1976）合著的《英语的衔接》（*Cohesion in English*）一书的出版,标志着衔接理论的创立。首先要探讨的是衔接与连贯,这二者是进行语篇分析的最基本的概念。韩礼德和哈桑指出,衔接是一种语义概念,指的是语篇中语言成分之间的语义联系。一个成分需要在另一个成分的解释下存在时,衔接就产生了。衔接展现了语篇内部的结构关系,一般表现为词汇、语法等形式。在语篇关系中,连贯是深层的功能关系,往往需要通过句子与段落之间的关系表现出来。汤普森(2000)认为,衔接属于一种语篇现象,即发话者表达人际、经验等语义连贯的一种手段,属于一种有形的网络。并且,连贯一般在发话者头脑中存在,是一种心理现象。[①] 只有保证了衔接,才能实现连贯,因此衔接在连贯中非常重要。照应是一个重要的衔接理论。如果想解释一个词语,但是很难从自身获得其意义的时候,这时候就需要将该词放在语篇中进行理解,这时候照应关系就产生了。显然,照应关系是一种语义层面的关系,表现的是一个成分与另外一个成分之间的连接关系,发话者运用衔接可以指代上下文某一成分之间的关系,表达上文中已经提到的内容,这样才能实现语篇的完整性。

语用功能学将照应分为内指和外指。内指是语言项目之间的照应关系,而外指是语言项目的意义依存于外客观环境中的某项事物形成的照应关系。内指又分为回指(所指对象位于上文)和后指(所指对象位于下文)。照应发生在句子层面,起到句内衔接的作用。[②] 内指照应发挥语篇衔接作用,而外指则不具备。照应成分的出现可以使读者或译者从语篇上下文中寻找并识别照应对象,达到理解的效果,从而给出正确的解读或翻译。

照应分为三类:人称照应、指示照应和比较照应。人称照应中的第三人称具有内在的衔接功能;指示照应是一种语言指示现象,区别在于远近、时间、地点和单复数等,由选择性名词指示词、定冠词和指示副词体现;比较照应通过两个项目之间相似或相同关系来指代,主要通过形容词和副词的比较级来表现,通常为回指照应。

有些常用的衔接词看起来微不足道,如 this 来表示空间上较近的人或物,起到承上启下的作用,却是句与句之间无法缺少的纽带。类似照应概念,替代、省略、连接、词汇衔接都是其中重要的概念。替代和省略是避免重复连接上下文的手段,替代在语篇层面通过替代成分与对象之间的索引关系使各句紧密联系,起到衔接作用;省略指的是结构中未出

---

① 温俭,杨薇薇.衔接理论与英语教学[J].教学与管理,2007,(27).
② 同上.

现的词语可以从语篇其他的小句或句子中找回,一般针对非关键词,并且不影响对文章的理解。连接是一种仅能通过参照语篇其他部分才能理解的一种衔接方式,通常表现为一些过渡性词语,通过增补、转折、原因和时间来表示时间、条件、因果等关系,起到路标的作用,可以指引读者和译者跟随作者的思路进行理解。

词汇衔接分为重述(重复、同义词、上义词、下义词、广义词)和搭配,通过词汇的选择,构建起贯穿篇章的链条,形成篇章的连续性。衔接理论应用于翻译中可以很好地保证翻译的第一步——理解。通过对语篇的分析,了解包括英文文本在内的原文文本的理解,是指导语篇翻译的基础。译者充分理解原文之后,做到"准确"翻译,从而保障译文的质量。

（2）"目的论"

目的论的提出者威密尔根据行为学的理论提出翻译不是一对一的语言转换,是一种人类有目的的行为活动。以目的论为代表的功能派试图把翻译从源语的束缚中解放出来,从译入者的角度来诠释翻译活动。威密尔认为,"任何一个篇章的产生,都带有一定的目的,并为此目的服务。目的论规则如下:在文本得到应用并存在有意愿使用文本的人员的情况下,以一种能够使你的文本按照使用人员意愿发挥作用的方式来翻译 / 阐释 / 表达 / 书写"。(Each text is produced for a given purpose and should serve this purpose. The Skopos rule thus reads as follows: translate/ interpret/speak/write in a way that enables your text/translation to function in the situation in which it is used and with the people who want to use it and precisely in the way they want it to function.)

因此,文本的翻译就是要在源语语篇和目的语语篇之间建立一种功能对等的关系,即"目的语篇和源语语篇在思想内容、语言形式以及交际功能等方面实现对等",完成"完整的交际行为"。因此,信息传达的"真实性"和读者效应是这类文本翻译的"核心"。连贯性和忠实性法则确保译文文本功能的实现。就很大程度而言,功能目的论提出的连贯性法则和忠实性法则便于译者将译文的文本功能展现出来,从而为译者提供两大标准。[①]

第一,连贯性发展要求译者翻译出来的文章必须能够被读者理解,

---

① 张长明,仲伟合.论功能翻译理论在法律翻译中的适用性[J].语言与翻译,2005,（3）.

并且保证语内之间的连贯性。

第二,忠实性发展要求译者翻译出来的文章必须忠实于原文,并且实现语际之间的连贯性。

(3)"顺应论"

比利时教授维尔索伦(J. Verschueren)在《语用学新解》(*Understanding Pragmatics*)中提出了语言顺应理论(The Theory of Linguistic Adaptation),提出顺应理论是一种关于人类语言交际行为和认知的理论,重心放在语言的产出问题,将"语言即选择"上升到理论层面。顺应理论强调语言与交际目的、交际环境、交际对象之间的一致性。

关于翻译,主要指的是语言上下文,即语言符号和信号形式、语篇的上下文衔接连贯,涉及翻译单位中音位层、词素层、词层、语篇层,其中语篇层面的衔接可参考衔接理论。具体到翻译,主要涉及词语在环境中的含义,尤其是不同语言语境中的具体含义。交际语境包括交际方、物理世界、社会文化世界、心理世界。这就涉及翻译单位中的话语层,具体在文本翻译中主要是各种社会文化因素、人际关系、认知因素、情感因素等,如信函中的礼貌原则。结构客体顺应指的是如何对语言各层次的结构,如语言、话语构建成分、话语的构建原则(语法规则)等做出选择,如合同中的语言选择如何能符合其正式、庄严、严谨的语言特点。

顺应的动态性顾名思义指的是主体要顺应所处的交际语境,随之变动语言,调整自己的语言层次结构。此点在谈判环节得以体现。顺应中的意识凸显涉及的是在意义生成过程中语言使用者的认知心理因素,即语用意识。文本作为一种应用型文体,源于社会,受到社会规范的制约,其翻译过程需要译者调用自我意识,根据文本特点及风格做出调整。

根据于国栋(2004)的观点,交际者的顺应对象包括顺应语言现实、社会规约和心理动机。词汇的可及性程度决定了顺应语言现实。如果两种语言存在语义及文化空缺时,译者会选择借用的方法,找到类似含义,表达不同的词语予以弥补,如产品商标的翻译,"鸳鸯"牌枕套,译成英语时处理成 Lovebird,弥补生态文化空缺。

顺应社会规约主要指的是顺应社会文化。社会规约约束、制约社会主体的言行,需要主体进行语码转换,其中回避或避讳最为常用。仍然以商标品牌为例,商标品名的确定极具国家或地方特色,皆为本土文化的体现,文化除了存在空缺以外,最容易出现的就是碰撞,即对同一事物的不同理解,因此音译的形式就成为解决文化冲突的有效方式。心理动机影响语言行为,因此影响交际者的语码转换。根据语用学研究,语码转换一般是由外部因素诱发和为了达到某种修辞效果而采取的方式。其中为某种修辞效果而进行的语码转换指的是"说话人有意识地使用语码转换以获得某种特殊的效果"。

体现在翻译中,广告的翻译是最好的体现。为了达到广告的呼唤功能,很多时候翻译不再是简单的"信"的问题,而是顺应消费者购买心理及商家推销心理的行为。

（4）语域理论

谈到语域理论,就一定要提到系统功能语言学的创始者韩礼德。他对语域的界定有着自己的看法,并且观点被广为接受。他认为语言将随功能的变化而发生变化,语域就是这种由用途区分的语言变体。他指出"语域是由于多种情景特征——特别是指语场、语旨和语式的意义——相联系的语言特征构成的"。语场指的是正在发生的事,涉及语境、谈话话题及交际参与者的活动。[1] 语旨是交际参与者之间的角色关系,涉及社会地位、态度、意图等,体现在语篇中指的是语言的正式程度,如文本属于亲密体还是随和体。语式是语言的交际渠道和语言要达到的功能,主要指的是修辞方式,分析篇章属于书面语体还是口语语体、正式语体还是非正式语体。三个因素中的任何一个发生变化都会引起语域的变化,如信函和普通书信之间由于语旨的差异,信函属于书面语体,而普通书信更接近口语语体。

韩礼德认为语域的三个变项决定了意义系统中的概念意义、交际意义和语篇意义。语场因素决定翻译中寻求概念意义的对等。语场决定交际的性质、话语的主要范围,影响谈话方选择和使用词汇和话语结构。语旨决定翻译中寻求交际意义的对等。语旨涉及交际参与者的社会地位、态度、意图,因此参与者不同,语域也会随之存在差异。这些差异会影响交际句型和语气,译者要把握双方的语言构造,寻找适当的词句、句式、词序表达源语发出者的信息和情感,达到最好的沟通和交流。语式决定翻译中寻求语篇意义的对等。语式主要分为书面语和自然口语,二者之间存在很大的区别,要求译者根据不同的语式确定语篇翻译的文体风格。

---

[1]　吴菲菲,居雯霞,殷炜淇.语域顺应与小说对话翻译的研究——以《傲慢与偏见》人物对话为例 [J].上海商学院学报, 2011,(S1).

因此,针对语篇的特点,翻译必须反映英语原文的语域特征,恰当地表现原文情景语境。首先做到语场中概念意义的对等;其次寻求语旨中交际意义的对等;最后,翻译要做到语式中语篇意义的对等。当然,要针对不同的语篇选择不同的语域方式,进行恰当的翻译,才能真正发挥语域理论对英语的翻译。

(5)建构主义理论

建构主义理论复杂多样,其中部分理论可以追溯到古代时期,因此也会显得有些零散,缺乏一定的系统。最近20年是其不断发展的时期,以哈贝马斯(Habermas)介绍的一系列理论尤其是交际行为理论为代表,在理论上为建构主义翻译研究打开了道路。吕俊教授提出的建构主义翻译学是在建构主义理论指导下提出的一种以交际为基础的翻译研究。翻译被看作一个重新构建的过程,即译者将源语作者使用的源语重新构建,以译文读者社会可接受的方式重新构建。

源于欧洲的建构主义是现代社会的科学理论,分为不同的流派。18世纪,意大利哲学家和人类学家维科(Giambattista Vico)在其著作《新科学:知识源于人类生活建构》清楚地提出了建构思想。19世纪晚期,德国哲学家和社会学家齐美尔与韦伯(Simmel and Weber)进一步发展了这一思想。鉴于德国自然科学和文化科学的分离,他们认为自然物体与行为体有着本质的区别,人类作为构建社会现实的行为者,其行为方式受制于他们的行为方式。发展到20世纪,建构主义思想蓬勃发展,在此时期出现了更多流派。例如,美国的米德(Mead)首次提出符号互动论(Symbolic Interactionism),指出"社会是由人与人之间互动交流中产生的符号意义的构成";阿尔弗雷德·舒茨(Alfred Schutz)致力于编著《社会世界的现象学》(*The Phenomenology of the Social World*),其理论不断发展,形成社会建构主义和知识社会学;依照法兰克福流派以往的批判精神和不同流派的本质,以社会学、哲学和意识形态著称于美国和德国的哈贝马斯成功地发展了普遍语用学,并提出真理共识论和沟通行为理论。无疑所有这些流派都从属于建构主义,并为建构主义翻译研究提供了理论依据。

建构主义理论在哲学、社会学以及其他领域取得了发展,与翻译也会碰撞出火花吗?这个问题可以在吕俊和侯向群的著书《翻译学——一个建构主义的视角》中找到答案。基于评判主义和对以往翻译研究的吸收的建构主义翻译研究为我们提供了一个全新的视角。

谈到建构主义翻译研究,就要提及其中的交往理论和理解理论。首先来探讨交往理论。建构主义翻译研究以多种理论为依据,包括实践哲学、交往理性、真理共识论和沟通行为理论。其中,交往理论贯穿其中,认为语言作为本体/实体达到正确、理性和理想的交际和沟通。当然,专注于非语言因素也有其必要性,然而语言仍然是建立翻译研究知识体系的首要因素,每一次翻译活动都需要语言作为主要的媒介,因此毫无避免地要研究语言。翻译是一种特殊的人类交往实践,影响着其他人类行为,因此翻译建构主义的哲学基础是理论哲学向实践哲学的转向,是本体论向社会实践的回归。人类的生存行为包括生产和交往,在人文科学和社会科学中,主要的社会实践就是社会交往实践,以理解为首要因素。翻译是一种主要的人类交往、交流信息、分享知识的形式,也是文化间的互动行为。交往推动了社会进步,只有这样理解翻译,才能发现不同文化和理性交际模式之间交流的普遍规律。

建构主义翻译观的理性原则是交往理性,是完全不同于哲学直观论非理性原则、建构主义的目的——工具理性原则和解构主义怀疑反理原则的理性重构。建构主义翻译观认为翻译是文化间的转换和沟通,是人类社会交往的精神方式,因此要遵循社会规则和理性原则。这就要求交际双方中说话人首先使用恰当的语言,然后遵循协作原则,使译文准确且恰如其分。真理共识论中共识是主体之间、主客体之间的统一。主体交往中,不仅应该遵循语言规律,还要认可和遵守社会接受的规则。此外,真理共识论强调语言协作原则,因此真理的判断不是看陈述是否与现实一致,而是看参与方是否已经相互理解,并认定其有效。运用在翻译中,就是要考虑语境的角色和影响。

下面来探讨理解理论。理解是翻译中的重要概念,广义上看,是意义的掌握。关于意义理解有很多种分类,但主要有两大类型:绝对主义和相对主义。为了在理解和含义层面超越绝对主义和相对主义,哈贝马斯意欲重新定义"理解"一词。他认为"理解的目的是达到一定意义上的认可,这源自相互理解、知识共享和相互信任。最狭义的含义是两个主题以同样的方式理解语言的表达;最广义的含义是基于参与双方认同的规范场景之下对词语正确理解的基础上,两个主体之间存在一种协作关系,也就意味着交流参与双方对世界上某一事物构成一种理解,并且让对方能够理解各自的交流目的"。参照语言行为理论意义的双结构特征,哈贝马斯对理解框架给出了两个分类,分别是交流层面和语言层面。基于此,建构主义翻译观认为说话人通常使用专有词句表达交流意愿。这也就要求译员不仅要按照语义和语法规则理解词句的含义,而且需要弄清说话人为什么采用特定的表达方式,包括句式的选择、语音语调、礼貌用语等。总之,将语言理解应用于社会交流实践就是建构主义翻译观的理解理论。

①建构主义翻译观三原则。传统的翻译标准主要强调译文与原文的统一。不管是"忠实""忠诚"还是"对等",总离不开专注于原文和对等方面的模式。实际上,篇章的含义既不是与生俱来,也不会是永恒不变的,也不源于读者的意图,因此建构主义翻译观从以下三个方面来探讨翻译的原则。

一是坚持知识客观性。保证知识的客观性,便于社会之间进行交流与评判,是人们理解的前提和基础。客观知识是人类在对世界进行了解的基础上获得的,是人们的智慧成果。不同主体之间展开交谈,并对社会进行认可,这是必不可少的,之后才能进行检验与批判。客观知识为认知活动的开展准备了条件。对翻译进行仔细的分析和研究,原文往往展现了作者的生活环境与方式,因此译者在进行翻译时,也需要体现这种知识的客观性,这样才能保证译文翻译的质量。如果违背了原文作者的生活情境,那么翻译出的译文就违背了知识的客观性,是需要被摒弃掉的。①

二是理解的科学性与释义的普遍有效性。建构主义标准作为限定条件,目的在于达成共识,而不是将固定目标强加在译者身上,因此是开放的。面对一段文字,作者的观点和表达方式就是供译者理解的,在头脑中形成了两个解读:作者的真正意图与译者的再现方式。翻译活动通过语言的方式理解和解释社会,是一种跨语言的活动,因此从社会理解角度,从一个社会群体去了解翻译活动是很困难的。在文本的开放型语境中,理解原文就是每个译者在他/她的文化背景的前知识和社会知识的前理解范围内扮演着与作者对话的角色。译者本身的差异就会造成对原文的不同理解,但只要译者的理解是合理的并为社会其他成员所接受,这种差异是可以接受的。

三是遵循原文定向性。遵循原文定向性包括原文对译者的约束。翻译除了常见的释义活动以外,并不能完全脱离文本的定向和结构的制

① 王蕊.建构主义理论视角下英文影片字幕翻译策略[J].东西南北,2020,(11).

约,所有的翻译作品都深植于原文。译者扮演着斡旋者的角色,读者则是译文的终端接收者。因此,读者与译者对话的同时通过译作与原作者进行交流就显得更加重要。在这样的情况下,读者的理解行为无可避免地从原文开始,这种理解首先是原作者基于社会理解的意义构建。

读者努力从原作者角度理解、阐释然后表达。这就是一种自我构建的过程。一百个读者对原文就有一百种理解,而译者应该尊重原文结构和语境,也就是说不能违背原文的定向性,这是前提,否则译者的工作就不是翻译而是创作了。因此,建构主义翻译观的翻译原则是一种开放的标准,从不将一些要求强加于译者身上,而是起到一种引导的作用;同时,为不同的理解和释义留有足够的空间,认同文化差异以及不同文化阶段的不同特征,这就在某种程度上带来了翻译的多样性。

②翻译的建构主义原则。翻译的研究多半放在分析翻译过程中出现的问题以及找出导致翻译失败的因素上,而对翻译研究中最关键的问题——理论与实践的结合没有予以重视,甚至出现了薄弱的现象。因此,结合国内外先进翻译理论对翻译的理论指导和实践应用都是相当有必要的。

结构主义的研究模式局限于语言本身,解构主义将研究的重点放在语言的多样性和变化上,忽略了语言本身。建构主义不仅专注于语言学,而且研究翻译活动和翻译行为中各种因素之间的关系。其重点放在语言常规和人类交流中日益接受的社会准则方面,较之结构主义和解构主义,在理性思维上更占优势。由于不同文本的特性、目的以及面对不同的译文读者,翻译方法的选择要依赖于特定的情境。英语作为一种特定目的的应用性问题,在词汇、句法及交际方面具有其独特性,这就决定了作为活动中的工具之一——翻译有异于文学翻译,因此翻译应该有其独特的翻译原则和灵活的翻译策略及方法,此时建构主义翻译法可以作为指导翻译的全新视角。英语的庞大信息资源和翻译的特定性决定了翻译的基本原则无法满足英语的需求。因此,英语翻译的原则要打破传统,做出创新。

一是要正确理解原文。建构主义翻译学重视社会交际,正确理解原文,符合翻译的"准确"原则,这也是翻译首要考虑的因素,因为哪怕只是小小的失误都会造成难以想象的严重后果。所以,译者要准确把握原文,精确陈述事实,以便于译文读者能准确理解。这就要求译员具备专业的知识,不至于将 bank balance(银行余额)译成"银行平衡"。翻译专业术语,仅靠基础的词汇采取直接翻译的形式是行不通的。

二是要符合目的语语言习惯。建构主义翻译观的语言基础是语言行为理论,要同时遵循两个规则:语言行为表达方面的语言建构规则,涉及语言的正确使用;专注于语言行为操作方面的语言协作规则,涉及语言的恰当应用。翻译活动要将这两种规则同时置于首要位置。文化与语言紧密相连,因此英语在某种程度上是英语文化的反映。符合目的语语言习惯的原则就是译者应该了解文化差异,通过对不同文化的认识使用目的语文化的习惯表达,对译文做出适当调整以消除文化差异,力争对等,尤其是广告和商标的翻译。对于想翻译出优秀作品的译者,更为重要的是掌握两种文化而不仅仅是两种语言,因为只有在特定的文化中,词语才能体现其真正的含义,凸显英语的格式与风格。翻译不同于一般的解释性行为,建构主义翻译观认为翻译应该回应原文的定向性,强调其对译者的约束。而英语的格式或风格具有多样性的特点,因此要考虑格式与内在含义的统一与融合,极力体现原文风格,并根据不同风格灵活调试,运用不同的翻译策略。

（二）大学英语翻译技能教学的原则

1. 注重精讲多练

精讲多练原则主要包含两个层面:精讲和多练。大学英语翻译技能教学如果仅从传统教学方法入手,先教授后练习,是很难塑造好的翻译人才的。因此,在大学英语翻译技能教学中,教师应该不仅要教授,还需要练习,在课堂上将二者完美结合。

2. 兼顾翻译速度与质量

在大学英语翻译技能教学中,需要兼顾速度与质量。大学英语翻译技能教学的目标在于提升学生的翻译能力。要想培养学生的翻译能力,学生掌握相关的技巧是必不可少的,同时除了掌握翻译技巧,还需要把握翻译速度。这是因为在当前的翻译活动中,很多时候有急催稿件的情况,如果学生的翻译速度很慢,来不及交稿,必然会影响翻译任务。因此,提升学生的翻译速度在大学英语翻译技能教学中必不可少。

具体来说,在大学英语翻译技能教学中,教师可以限制学生翻译的时间,如在做翻译练习时,教师可以考虑翻译的字数,可以从250个单词开始,之后逐步增加,直到能够翻译一整篇文章。

当然,在课堂上教师除了限制学生的翻译时间外,在课外教师也要求学生控制自己的翻译时间。通过这样的手段,长期训练下去,学生就能够对自己的翻译时间进行合理的调控。在翻译时,学生也会提升自己的翻译速度意识,既创造了较好的译文,又把握了翻译的速度。

3. 坚持循序渐进原则

做任何事情都不是一蹴而就的,翻译本身就是一个复杂的语言转换过程,同样,翻译技能教学更是如此。因此,翻译技能教学应当本着由浅入深、循序渐进的规律,教学过程应从词汇到句子再到篇章有序进行,选择语篇练习翻译时也应该是遵循先易后难的顺序。这主要体现在以下三个方面。

（1）对于篇章内容的选择,应该开始于学生最熟悉的层面。

（2）对于题材的选择,应该着手于学生最了解的层面。

（3）对于原文语言本身而言,应该着重于由浅入深,不能急于求成。

总之,在翻译技能教学中只有遵循循序渐进的原则才能逐步调动学生的学习兴趣与自主性,从而逐步增强学生学习英语的自信心,并促进学生综合能力的提高。

（三）移动互联网支持下大学英语翻译技能教学的优势

在传统的大学英语翻译技能教学中,教师主要是讲解,因此占据主体地位,但是这样的讲解忽视了实践的作用。在移动互联网支持下,大学英语翻译技能教学克服了这一点缺陷,使学生占据主体地位,学生的学习也转向主动学习。在移动互联网支持下,教师只需要坐在计算机前面,就可以将自己所需要的信息检索出来,这样保证了教学的效率,并且能够将课堂与社会热点相结合。教师可以从不同学生的兴趣与水平出发,将网络上的素材摆在学生的面前。同时,网络监控功能也可以让教师对学生进行监控,从而便于一对一进行指导。另外,移动互联网技术还可以为教师提供多种评价手段,学生可以自查自己的翻译文本,教师也可以查看学生的翻译情况。这样教师与学生都能够做到心中有数。当学生遇到翻译的问题时,可以与教师或者其他专家进行交流,从而找到问题的解决办法。

（四）移动互联网支持下大学英语翻译技能教学的创新方法

1.明确翻译标准

随着不同学者对翻译研究的深入,形成了很多翻译思想,而在这些思想中也蕴含着很多的翻译标准,如严复的"信达雅说"、鲁迅的"信顺说"、泰特勒的"翻译三原则"、奈达的"读者反应论"等。下面就针对一些重要翻译标准展开论述。[①]

从理论上看,翻译标准多体现为:主观性而非客观性、多元性而非单一性、灵活性而非统一性。虽然如此,但翻译标准至少在理论上可以从三个方面加以规约:认知、审美、文化。相对应的就是三个标准:认知标准、审美标准和文化标准。从翻译操作上看,翻译标准又分为内实标准和外形标准。

（1）理论标准

①认知标准:真实性与完整性。翻译过程首先是一个从解码获取信息到编码表达信息的认知过程。翻译解码是指译者通过对原文的音字句篇的分析获取其中所传递的信息和意图的过程。翻译编码是根据原文信息和意图在译语中进行语音设置、字词选择、句式建构、语篇组合的过程。翻译编码必须以信息的真实性和完整性为标准,使原文信息真实而完整地得以表达,既不能添枝加叶,也不能断章取义。在翻译过程中,译者可以把译语加以重新解码,获取其中的信息,即命题,并与源语解码后所获取的信息加以比对,从而判定源语和译语信息是否真实相同,即真实性,以及是否完整,即完整性。所谓真实性,是指译语所含的命题与源语所含的命题具有所指的同一性。所谓完整性,是指译语所含的命题数与源语所含的命题数具有相同性。

②审美标准:艺术性和个性性。任何翻译实践都是一个审美过程。在翻译解码过程中,译者必须带着审美的眼光,对构成原文的字词、句式和语篇的审美特性及其规律与原文的信息意图所构成的艺术特性加以认识和领悟。在翻译编码过程中,译者必须用译文把原文体现出来的艺术特性表现出来。原文形式与原文内容完美结合便构成了原文的艺术性,每一位作家或作者都有自己的个性,每一位译者也都有自己的特性。体现在翻译标准中,就是艺术性和个性性。翻译标准的艺术性是

---

① 颜林海.英汉互译教程[M].北京:科学出版社,,2015.

指译者用译语表达原文内容采用的艺术手段和技巧。所谓翻译个性性，是指原文的独特性和译者的个体性。原文的独特性即风格，分为三个层面：一是作家的个人风格；二是文本文体风格；三是人物性格。从理论上说，译文中不应该出现译者风格的影子。但在翻译实践中，译文不可避免地表现出了译者的个性性。

③文化标准：接受性和变通性。作者与源语是源语文化的承载体。译者与译语是译语文化的承载体。任何翻译都是由译者来实现的，因此译者在翻译时不可避免地受到译语文化的控制。体现在翻译标准上，就是译文的接受性和变通性。翻译的过程是一个源语文化和译语文化冲突磨合的过程。文化冲突体现在翻译标准上就是接受性，文化磨合体现在翻译标准上就是变通性。翻译的接受性体现在源语文化是否被译语文化接受。翻译的变通性是指因译语文化而对源语形式进行灵活处理。但二者都具体体现在翻译策略上的"宜""异""易""移""益""遗""刈""依"。

理想的翻译标准是以上三个方面的完美结合。但在翻译实践中，翻译三个层面的标准对译者的控制作用是各不相同的。文化标准是翻译中的"战略"标准，具有宏观控制作用，指明翻译的方向。审美标准是译者的个性性标准，它既是原文独特性的体现，又是译者个性张扬的手段。认知标准是翻译中的"战术"标准，具有微观控制作用。

翻译标准，无论哪个层面，对翻译策略都具有决定性的控制作用。

（2）操作标准

任何语言都可以分为外形和内实两个层面。外形指语言的表层结构，可分为"音""字""句"和"篇"四个层面，内实指文本外形所承载的"理""事""情"和"象"。换句话说，说话者总是通过一定的语言形式（即"音""字""句""篇"）来表达内心所欲表达的内容（即"理""事""情""象"）。语言不同，其语言形式也就不同，具体地说就是，每一种语言在"音""字""句""篇"上的组合方式都有自己的特点，这种特点就是该种语言的共性。同样，人不同，其语言形式也可能不同，这种"不同"也就是说话者个人的语言风格。

翻译有三大任务，一是要保持原文的"理""事""情"和"象"；二是要保持译语的顺畅性；三是要保持作者的说话风格。第一个任务要求译者做到理清、事明、情真、象形；第二个任务要求译者做到音悦、字正、句顺、篇畅；第三个任务要求译者将两个任务完美地结合在一起，保持作者的说话风格。因此,从翻译操作上来说,翻译标准分为内实标准和外形标准。

①内实标准:理清、事明、情真、象形。

理清:指文本表达的义理(即意义)的清晰性。译者不仅要解读出源语所表达或所象征的义理,即意义,还要精心提炼译语来再现源语所承载的义理。

事明:指文本所引典故和所叙事情的明晰性。译者不仅要解读出原文所引典故或所叙事情的意图,还要精心提炼译语,清晰明确地再现源语所承载的"事"。

情真:指文本传情达意的真切性。译者不仅要解读出源语所表达的内心情感,与作者产生共鸣,还要精心提炼译语来传达源语所承载的情感,使译语与源语所抒发的情感保持真切性。

象形:指文本所呈现的意象的形象性。译者不仅要在解读时在大脑中唤起文本所承载的事物意象,同时还要精心提炼译语,准确形象地表达源语所承载的意象。

音、字、句、篇既可指意理、意事,也可指意情和意象。偏重于"理"者多属于应用文体,偏重于"事"者多属于叙事类文体,偏重于"情"和"象"者多属于文学文体。

②外形标准:音悦、字正、句顺、篇畅。

音悦:指语音的悦耳性。它是人类为了达到某种意图而在言语语音上的一种审美追求。译者不仅要解读出源语语音秩序、节奏和修辞的意图,还要再现源语语音的意图,并精心提炼译语语音秩序、节奏和修辞,使得译语也具有悦耳性。

字正:指语言字词的正确性。既然是约定俗成,那就意味着汉语就有汉语约定俗成的语法,英语就有英语约定俗成的语法。文体性是指译语字词与源语字词的文体保持一致性。

句顺:指通顺地设置译语句式,准确地表达源语所表达的意图。

篇畅:指积句成篇上的通畅性。

2. 翻译图式法

图式(schema)源于认知心理学。1781 年,图式概念由德国哲学家康德(Kant)在其著作《纯推理批评》(*Critique of Pure Reason*)中首先提出,他认为图式就是纯粹先验想象力的产物或者说是学习者以往习得的知识结构,并指出"新的概念只有同人们已知的知识建立关系,才会变得有意义"。

（1）语言图式与翻译

语言图式是指人们对语言的掌握,包括词汇、句法、习惯用语、语法等方面的语言知识。当源语图式与目的语或译语图式相当一致时,图式的空位很容易激活、恢复、填补和关联。具体在英语中,体现为对术语、句式特点、表达规范的互相关联。例如:

This bill of exchange shall be accepted first and then can be honored by the acceptor.

该汇票应先承兑,然后由承兑方进行支付。

accept 和 honor 通常表示"接受"和"荣誉、尊敬",但是在例句中,分别表示"兑现、承付"和"支付"的意思。源语与译语的图式相互作用,形成正确的概念,为翻译的顺利进行奠定了基础。

（2）内容图式与翻译

内容图式是以文本内容以外的语言知识、背景知识推理及互动为主要内容建立起来的各种内容的知识记忆。译者通过对源语文本内容的了解和熟悉,调动现存的知识,填补图式空缺,顺利理解全文并给出合适的译文。例如:

Stocks, held by the buyers, may be in two forms. One is called Common Stock, that is suitable for all corporations because its holders will have the ownership of the corporations profit and the interest produced by its assets, the right to vote for its board of directors and the right of asset distribution in case of its bankruptcy.

持股人手中的股票一般有两种形式,其中一种是普通股,适用于所有公司。普通股股东对企业的利润和资产所产生的利息拥有占有权,并拥有对股份公司董事会的选举权和公司破产后资产的分配权。

例句中的专业性强,译者需要调动原本存在的关于股票方面的相关知识,或者补充原本不存在的缺省信息,正确理解之后,给出正确的翻译。这就需要译者充实自身的内容图式,掌握专业词语、社会意义以及语用规则。

（3）形式图式与翻译

形式图式又称结构图式,是语篇的宏观结构,即语篇知识,是对文章脉络的宏观把握。例如,企业文化的介绍,汉语语篇较为夸张、笼统和抽象,用词华丽,引经据典,修辞使用痕迹浓重;英语语篇则以信息和呼唤功能为主,提供客观依据引起目的语读者的积极回应。译者在英译或汉译时就要根据两类篇章特色,给予适当的处理。

(4)语境图式与翻译

语境图式顾名思义,指的是语言的使用环境,即对话语含义产生影响的各种语言成分的前后逻辑联系和各种主客观环境因素。语境决定词义、语言色彩和用法。英语除了涉及语码转换,译者还要依据动态的语境进行动态的推理。因此,译者除了要解决文本中的语言问题,还要高度重视文本中的语境问题。例如:

① Once the jewels were safely locked up in the bank he had no more anxieties about their security.

② Treasury securities are revalued daily.

例①和例②中同时出现了 security 一词,根据上下文提供的词语语境,例①中 security 的含义为"安全",而在例②中的含义为"债券、证券",属于专业术语。

(5)文体图式与翻译

文体图式是指文本的文体风格。所谓翻译的第一条原则"忠实",就是要在内容、感情色彩、文体风格上做到忠实于原文。文体具有多样性,如信函简洁、礼貌、正式;合同措辞严密、句式精练紧凑、文体正式庄重,体现其严肃性和约束力。译者在翻译时要把握各类文本的文体特点,进行恰当的处理。例如:

That I hold the said shares and all dividends and interest accrued or to accrue upon the same upon trust for the Beneficial Owner and I agree to transfer, pay and deal with the said shares.

本人因持有上述之股份,而所获得的股息及权益等,本人同意转让、支付及处理上述之股份。[①]

此句为合同文体,因此在处理 the said shares 和"I"时,要符合合同文体特点,不能简单地处理为"上面提及的股份"和"我",而应该处理成"上述之股份"和"本人",这样才符合中文的表达习惯和文体风格。

---

① 夏兴宜.运用图式理论提高商务英语翻译的水平[J].科教文汇(中旬刊),2011,(1).

（6）文化图式与翻译

文化图式是指关于文化的知识结构,是人类通过已存的经验对文化知识的组织模式。文化的不同带来思维的差异,译者需要激活异质文化和本土文化的图式,确保对源语文本的正确解码。在广告商标名称的翻译中,如果不能很好地处理两种异质文化图式,很容易引起误解甚至是经济损失。例如,某童鞋的商标名称为"小白象","小"凸显商品为儿童用品,可爱小巧;"白象"除了用动物化方式贴近儿童消费者以外,凸显的是商品的耐久力以及使用商品后的运动力。在西方文化中,白象的含义为"大而无用的东西",不管是从体积上还是心理上都没有凸显童鞋的特色,因此在处理成英文时,与其译成 Little White Elephant,不如调动和激活译文读者已存的文化图式,或建立、修正、改变现存图式,正确理解、传达信息,译成 Pet Elephant,这样既避免了译语中的消极文化图式,又传递出了社会语用含义。

3. 网络辅助法

（1）制作个性化的翻译技能教学视频

在实施教学时,教师可以提前为学生制作视频,将教学内容进行模块化处理,每一个视频要围绕某一知识点展开,如翻译理论、翻译技巧等。同时,在制作视频的时候,应该突出重难点,明确教学目标,为线上、线下教学做准备。此外,教师还需要考虑大学英语翻译技能教学的连贯性,为了实现整体的教学目标努力。在课堂开始之前,教师制作视频,设置教学任务,并将其发布到网络平台上供学生阅读,教师通过让学生观看,对学生提出的问题加以汇总与解决。在课堂上,教师对视频中的技巧与理论加以梳理,组织学生进行协作学习,实现知识的真正内化。在课后,教师还可以组织学生撰写翻译笔记,从中了解学生是针对哪些问题存在疑惑的,进而对自己的教学方案加以调整。

（2）利用多媒体展开翻译课堂教学,增加英语习得

在大学英语翻译技能教学中,教师可以辅以多媒体光盘展开教学。但是,由于各个学校的多媒体设备配置存在差异,并且很多配套光盘的内容系统性不强,因此教师需要斟酌才能使用。因此,最好的方式就是教师根据教学内容自己制作课件,然后展示给学生。这样的课件对于学生翻译能力的提升也是大有裨益的,可以促进不同层次的学生翻译能力的提升。

第三节　移动互联网支持下大学英语文化品格教学创新发展

英语课程属于一个系统工程,其不仅包含教学内容、教学目标、教学要求,还包含对英语课程性质的理解与把握。传统的英语课程仅仅从英语学科出发来教授知识与技能,显然这样的教学目标是不够全面的,忽视了对学生综合素质的培养。而对英语课程的文化品格进行研究可以将英语课程追溯到语言与文化这一本质问题上进行剖析,从而将英语课程放在一个更为广阔的领域进行研究,也是对以往英语课程局限性的突破,可以直接深入英语课程的根本问题。同时,随着英语课程与教学改革的深化,很多教师迫切要求一种新的理论来指导教学实践。而对英语课程进行文化语言学层面的研究,是更新教学观念、变更教学方法、建构教学新秩序的重要手段,有助于帮助教师走出应试教育的困境,具有实用性价值。也就是说,在英语课程与教学改革中把握英语教育文化的本质,才能在实践中调动学生的主观能动性,真正地实现教育目的。这就是对英语课程的文化品格进行分析的魅力所在。本节就对其展开详细的论述和探讨。

一、什么是文化品格

关于"品格"这一词汇,《辞海》中有如下四层含义 [①]。

第一,指代物品的质量规格。

第二,指代文学艺术作品的格调、质量。

第三,指代一个人的性格、品格。

第四,指代一个人为官的品格。

对于这四点,最后一点可以忽略不谈,前三种可以将其泛指为品行、性格、质量。

[①]　夏征农.辞海[Z].上海：上海辞书出版社,2002.

在英语中,与"品格"对应的单词是 character,其中《牛津高阶词典》对这一词的解释为:品格、品质以及特点、特征等。

显然,"品格"一词用于人们对特定对象展开评价,多用于指代人的品性以及对事物特点的分析,是一种评价的标准。"品格"包含了品性、品质、品位等含义,由于研究目的差异,不同领域对其的研究侧重点也不同。但是,我们这里认为品格包含了风格,对于"风格",其含义是相对明确的,即特定的类型,风格是作品在整体上呈现的独特风貌,是人的内在特征在作品上的一种反映。可以这样说,风格是通过艺术品展现出来的相对稳定、较为内在的能够将时代、民族、艺术家等的精神气质、审美理想反映出来的外在印记。风格的形成是民族、时代、艺术家的艺术走向成熟的标志。

对于上述对品格的分析我们可以这样认为,文化品格即指的是人或者事物在思维方式、价值观念等层面表现出来的气质、精神、特点与风格,其不仅是对人或者事物文化属性的规定,也是其价值取向的一个重要表现。从中国知网搜索"文化品格"相关文章,其主要涉及两大研究范畴:一是对某个人或者群体所具备的个性特征展开分析,二是对某类事物或者活动本身在文化层面表现出的属性与特征进行研究。但是综合分析来看,文化品格重在描述事物或者活动主体所展现出来的文化特征与气质,并且这些文化特征与气质是事物以及活动主体的重要体现。因此,本书采用"文化品格"来对英语课程展开描述。

二、英语课程中文化品格的释义

无论是什么学科,一旦进入了学校教育领域,以一种课程的形式表现出来,其就不可避免地具备"文化品格",这是由课程的本质属性决定的。就这一意义而言,所有课程都与文化有着密切的关系。但是,由于课程不同,这种文化的存在样态也是会存在差异的。对于英语这门课程来说,学生学习英语不仅仅是为了学习英语知识,更是要理解其隐形的符号系统。对于母语学习者来说,母语课程会浸润在日常生活中,是一种自觉的行为,但是对于外语学习者来说,由于一些场合与场景的缺乏,导致其势必会是一种探寻的结果。因此,笔者认为英语课程的文化品格指的是英语课程作为一门语言教与学的课程,其自身所持有的文化气质、文化性格与文化品行。当然,这主要受英语课程的性质与任务决定。

（一）从课程性质理解英语课程的文化品格

具体来说，英语课程的性质主要可以归纳为如下几点。

首先，英语课程的基础性。21 世纪是一个世界各国相互融合的时代，地球已经成为一个村落，在这一村落中，英语是流行的语言，要想在这一村落中生存，英语是必须具备的手段。随着移动互联网技术的发展，计算机网络使人们获取知识的方式发生了改变，21 世纪的人才要求具备在网络上获取信息的能力，而英语成了国际网络上的交流工具。显然，掌握英语是新时代对人才的一大要求。我们处于一个多元文化的社会，而在这个社会中的人们需要学会与不同文化背景下的人们展开交流、和谐共处。英语课程为学生们打开了一扇了解他国文化的窗户，通过这一途径，学生可以接触不同的文化，了解不同文化背景下人们的生活方式，为进一步增进彼此之间的交流与合作奠定基础。显然，英语课程是学生开阔视野、培养智力、锻炼品质的一项重要课程。

其次，英语课程的交际性。实际上，不光是英语这门课程，其他课程也都具有交际性。但是由于受传统教育观念的影响，我国的英语课程过分注重词汇知识与语法知识的讲授，这种观念虽然有助于学生获取英语语言本体知识，但是随着对语言本质认识的深入，人们也认识到应该改变这种传统的课程观念，英语课程对于我国的学生来说是一门缺少真实环境运用的学习，基于这样的情况，一味地教授语言知识是远远不够的，这会让学生降低学习的兴趣，因此需要强化交际性，为学生创设各种交际环境，提升他们的交际能力。

最后，英语课程的人文性。英语作为一种语言，不仅是一种交际的工具，还是一种文化的彰显。学习语言更是为了学习语言背后的文化。因此，除了要注重英语课程的工具性，还需要注重其人文性，不可片面地强调其中的一方面，这样会使英语课程发展不平衡。实际上，在英语学习的过程中，学生获取的不仅是语言知识，还有价值观念与思维方式的改变。通过英语学习，学生可以从不同角度对世界、对自我有客观的认识。因此，英语课程具有明显的人文性。人文性的凸显是英语课程在实践中需要关注的重要层面。在教学中，将文化教学与语言知识教学相结合，用文化对语言教学实践进行引领，是英语课程的题中之意。

（二）从课程任务理解英语课程的文化品格

英语课程的性质决定了英语课程的主要任务在于培养学生的综合运用能力。美国著名的语言学家巴赫曼（Bachiman）对语言能力的理论框架进行概括，具体如图5-4所示。①

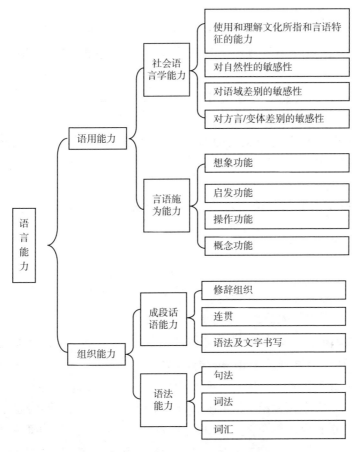

图5-4　巴赫曼语言能力结构图

（资料来源：陈宏，1996）

在图5-4中，人类通过语言展开交流的过程是将所需要运用的一组知识，根据各自的地位与性质、作用与关系等进行组合排列，进而形成语言能力结构的各个要素。显然，巴赫曼研究的语言能力是那些能够在

---

① 陈宏.第二语言能力结构研究回顾[J].世界汉语教学，1996，（2）.

特定交际环境中可以被接受的言语功能,是那些常规的语言功能,并将这些言语按照话语需要以及一定的社会文化习俗要求,构成得体的言语的能力。显然,语言能力包含语言的功能、意义等要素以及这些要素之间的关系。当然,巴赫曼的这一研究也说明了语言能力并不是各个成分之间的简单组合,而是一些相互关联的要素构成的有机整体。这对于英语课程的设置有着重要的意义。

长期以来,我国的英语教学大纲将对知识与技能的掌握作为课程目标与任务,这无形中就造成了英语课程过分重视知识与技能教学的倾向,从而忽视培养学生的语言运用能力。因此,语言知识不能直接与语言能力等同,而是要平衡语言知识与其他能力的关系。新的教学大纲除了要教授学生语言知识外,也需要教授给他们情感、态度与价值观,还需要让他们了解中西方文化的差异,拓宽视野,从而帮助学生形成健康的人生观。

三、移动互联网支持下大学英语文化品格教学的方法

（一）中西文化对比法

1. 大学英语文化知识教学中的语言差异

（1）汉语重形象思维,英语重抽象思维

人类的抽象思维和形象思维是密切联系、互相渗透的。抽象思维讲究秩序,其思维具有系统化、组织化、形式化的特点,其严密的逻辑推理表现在语言上讲形式,追求结构上的严谨;而形象思维重悟性,即不凭借严谨的形式来做分析,表现在语言上重意合。由于文化传统的不同,不同的民族形成了侧重点不同的思维习惯。思维方式是沟通文化与语言的桥梁。思维方式与文化密切相关,是文化心理诸特征的集中表现,又对文化心理诸要素产生制约作用。同时,思维方式又与语言密切相关,是语言生成和发展的深层机制,语言又促使思维方式得以固化和发展。[①]

汉字起源于象形文字,直接从原始图画发展而来,从最初就具有直

---

① 刘明阁.跨文化交际中汉英语言文化比较研究[M].开封:河南大学出版社,2009.

观性,其意义以字形与物象的相似为理据。

汉语中有丰富的量词,量词也是汉语形象化的体现。世间万物,千姿百态,形状各异,汉语中形形色色的量词形象生动、准确鲜明,对事物的姿态一一进行描述,如一朵花、一面镜子、一匹马、一盏灯、一堵墙等。而英语只突出被描述的客体和数量,因而与以上汉语相对应的英文是 a flower, a mirror, a horse, a lamp, a wall。汉语里量词的大量存在是与中国人擅长形象思维分不开的,如一把雨伞、一面旗、两尾金鱼、三艘船,这些量词与该名词的形象有关。英语虽然也有量词,但是数量上远没有汉语多,也没有汉语量词形象生动,并且同一个量词往往可以配上许多不同的名词,如英语中 a piece of news, two pieces of paper, a piece of land, a piece of furniture, a piece of information,同一个量词 piece 翻译成汉语却是:一则新闻、两张纸、一块土地、一件家具、一条信息,对应五个不同的量词。

汉英这种思维差异不仅体现在字形上,还在两种语言的语法中有所反映。逻辑严密的英语语法反映出英美民族偏重抽象理性的思维特点。例如,英语"The child himself bought a book."可转换为"The child bought a book himself."(这孩子自己买了一本书);"He arrived after 4 weeks."可转换为"He arrived 4 weeks after."(四个星期后他才到);"I don't know whether he is well or not."可转换为"I don't know whether or not he is well."(我不知道他的身体究竟如何);"After dining at the Jones's, I met him at my tailor's."可改变词序"I met him at my tailor's after dining at the Jones's."(在琼斯家吃了饭,我在裁缝店遇见了他)等。而汉语的词序则是不可改变的,先吃饭,后到裁缝店,然后才遇见他,词序表达必须按生活实际的时间顺序来安排时间顺序。

汉语偏重经验感性的思维特点产生于汉民族的传统文化。汉民族文化重视实际生活经验,所以人们常说"嘴上无毛,办事不牢""老将出马,一个顶俩"。这种文化观念的思维定式反映在语言上,就是重经验直觉,带有较浓厚的感性色彩,词句的表达与理解,不太注重语法上的严密思考,而倾向于凭经验进行意合获取,这种特点在古汉语里表现突出。古汉语文章往往是竖行,从左至右书写,无标点符号,不分段落,一气呵成。难怪有西方人说:"汉人读书不断点头称是,而西方人读书不断摇头示疑。"此话尽管带有几分讽刺,但说明了英汉语言的不同特点。

汉语的词序具有临摹现实的经验感性的思维特点。汉语词语前置或后置反映出生活经验的时间顺序。在叙述动作、事件时,往往按事情发生的自然顺序排列句子,先发生的事件或事物在先,后发生的就在后。例如:

他从上海①坐火车②经南京③来到济南④。

He came to Ji'nan ④ from Shanghai ① through Nanjing ③ by train ② .

Usher 直挺地躺在沙发①上,我一进去②,他就站起来③,热情地向我打招呼④。

Upon my entrance ② , Usher rose ③ from a sofa on which he had been lying ① at full length, and greeted ④ me with a vivacious warmth.

从以上例句不难发现,在叙述动作、事件时,汉语往往按时间顺序的先后和事理推移的方法,一件一件事交代清楚,呈现一种时间顺序的流水图式。英语则靠语法的逻辑性来体现事件发生的顺序。

（2）汉语重整体思维,英语重个体思维

英语单词在意义上具有一定的特指性,意义相关的词在词形上毫无相关之处。而汉字的意义通常极为广泛。例如,在汉语中只需一个"车"字即可代表英语中的 bus（公共汽车）, car（小汽车）, taxi（出租车）, minibus（面包车）及 lorry（卡车）所指的任何一种交通工具。又如,汉语中"笔"可意指各种可以用来书写的用具,而英语中则对每种书写用具都有特定的称谓,如 pen（钢笔）,ballpen（圆珠笔）,pencil（铅笔）等。

英汉构词的这种思维差异在表示星期的这组词上体现得尤为明显:汉语中表示一周内第几天的词是用星期加上数字表示（周末"星期日"除外）,如"星期一、星期二、星期五"等;在英语里这些只是一个个词形上毫无联系的词,如 Monday, Tuesday, Friday,从英语单词的词形看不出单词间的任何顺序关系和具体联系。

汉英思维上的这种差异也体现在时间和地点词语的排序及语篇的篇章结构上。在表达时间概念时,汉语顺序按年、月、日、时、分、秒这样一个从大到小的顺序排列。例如,2008 年 3 月 10 日 12 时 30 分 20 秒。英语的顺序正好相反,按秒、分、时、日、月、年这样一个从小到大的顺序排列。例如,下面这个句子:"At eleven minutes past 1 a. m. on the 16th of October 1946, Ribbon Trop mounted the gallows in the execution chamber of the Nuremberg Prison." 对应的汉语翻译是:"1946 年 10 月 16 日凌晨 1 点 11 分,里宾·特洛普走上纽伦堡监狱死刑室的绞架。"

2. 大学英语文化知识教学中的文化差异

观念是人们经过学习在头脑中形成的对事物、现象的主观印象。观念是通过对感官资料进行选择、组织并加以诠释的方式来认识世界的过程。(Perception is the process of selecting, organizing and interpreting sensory data in a way that enables us to make sense of our world.)这个过程包括识别(identification)、阐释(interpretation)和评估(evaluation)三个阶段。

人们的已有经验对识别的结果会产生影响,而文化对阐释与评估会产生影响。(Perception is often affected by culture. The same principle causes people from different cultures to interpret the same event in different ways.)例如,来自不同国家或者民族的人对个人信用的解释是不同的。对美国人来说,个人信用的主要指标是独立与能力,坦诚与直率、强势与自信、理性与果敢等会赢得尊重。而对中国人和日本人来说,个人信用的主要指标是社会地位,沉稳与含蓄、顺从与谦卑、仁爱与机敏等会赢得尊重。

思想观念往往是由社会教育(包括家庭教育和学校教育)逐步形成的人生观和价值观,属于意识形态的范畴。观念的产生与人们所生活的社会环境关系密切。人们观念的形成主要受到家庭环境和社会环境的影响,因此主要包括家庭观念(包括婚恋观念、亲情关系、家族观念等)和社会观念(包括时间观念、自我认同观念等)。[①]

(1)宗教观念

世界上现存的主要有三大宗教,即基督教、伊斯兰教和佛教。基督教(包括天主教、东正教和新教)主要集中分布在欧洲、美洲和大洋洲的一些国家,其信徒被称为基督徒。据统计,在这些国家里,有80%以上的人是基督徒。基督教以“平等、博爱”为教义。伊斯兰教主要集中在东南亚、中亚、中东、非洲地区。信奉伊斯兰教的人被称为穆斯林(Muslim)。伊斯兰教以“顺从、和平”为教义。佛教主要集中在东亚地区,信仰佛教的人被称为佛教徒(俗称“和尚”)。佛教以“善、缘”为教义。宗教观念影响人们的许多行为。

---

① 陈静,高文梅,陈昕.跨文化交际与翻译[M].成都:电子科技大学出版社,2017.

（2）家庭亲情观念

不同国家和不同民族的亲情观念不同。

受儒家思想影响的传统中国家庭，以血缘为纽带、以伦理为本位是家庭关系的突出特点。在中国封建社会里，由"父为子纲"确立的长幼秩序、由"夫为妻纲"确立的夫妇关系、由"三从四德"所确立的男女地位等，对建立、调节与维护中国传统家庭关系起到了重要作用。其中，"孝道"是家庭伦理道德的本质与核心，是确立家庭伦理关系的基石。"夫孝，德之本也，教之所由生也。""身体发肤，受之父母，不敢毁伤，孝之始也。立身行道，扬名于后世，以显父母，孝之终也。"（《孝经》）在中国传统宗族制的影响下，中国人形成了很强的家族观念。在中国，家族观念构成了复杂的亲属关系网。亲属有宗亲与姻亲之分，其中宗亲有嫡亲、堂亲与族亲之分，姻亲有姑亲、舅亲与姨亲之别。

受基督教影响的西方家庭，以"自我"为本位是家庭关系的突出特点。"奉上帝、疏亲友"的理念使得西方人家庭观念淡薄，血缘亲情让位于对上帝的崇敬。就亲属称谓来说，在中国文化中，亲属称谓是以父系血亲称谓为主干，以母系和妻系的姻亲称谓为补充的严谨而复杂的称谓系统，突出"长幼有序，内外有分"的特色。而在西方语言中，没有姻亲与血亲的区分，是以姓名称谓为主干，以血亲称谓为补充的简单而直接的亲属称谓体系。例如，在《走遍美国》（*The Family Album USA*）中，儿媳 Marilyn 直接以名字来称呼她的公公 Philip 和婆婆 Ellen。

不同国家和不同民族对于亲情的表现方式也不同。从对孩子跌倒的态度上可以看出不同之处。比如，在北欧的一些国家里，如丹麦，父母会安慰跌倒的小孩；在瑞典，小孩跌倒了，父母马上研究如何预防此类事件的再次发生；在挪威，父母鼓励跌倒的小孩自己站起来，不要哭；在芬兰，父母对跌倒的小孩不闻不问，让他主动爬起来。

（3）婚恋观念

中西方婚恋观念的差异，首先表现为婚姻目的的差异性。所谓婚姻目的，就是男女双方想经由建立婚姻关系的方式而达到某种预期的结果。西方人结婚，是个人权利的体现；中国人结婚，是对家庭义务的实现。

在古代中国，结婚的目的是为家庭而非爱情。《礼记·昏义》说："昏礼者，将合二姓之好，上以事宗庙，而下以继后世也。"当然，在现今的中国社会中，这种传统受到了西方文化的巨大冲击，爱情已经成为婚姻的基础。但是受传统的影响，结婚的目的仍然是一个复杂的多面体，各种因素依然存在。

在西方社会里,结婚的基础是爱情和两情相悦。人们结婚的目的有两个:一是完全因爱而结婚,追求真爱是绝大多数人结婚的最重要目的;二是寻找长久的异性生活伴侣,以获得生理和心理需要的满足。在他们看来,没有爱情的婚姻是不道德的婚姻,低质量的婚姻。据美国著名的公众意见专家路易斯·哈里斯统计,"83% 的美国男女认为,爱情乃是男人和女人结婚的第一位的、必不可少的动力。更有 90% 的美国人相信,维持美满婚姻的首要条件也是爱情。"

①择偶标准。传统的中国人最重要的择偶标准是身家清白和门当户对。人们认为身家清白才可以相互忠诚,孝敬长辈,家庭和睦。而门当户对是中国传统社会的家长替子女择偶特别讲究的条件,是为了维护家族的名誉和利益。现今中国青年男女的择偶标准虽然有所不同,但是受到这一原则的影响而仍然会考虑经济条件、家庭背景、学历层次和外在相貌等因素。西方人的择偶标准,最主要是两个人的互相契合(compatibility),其余的条件像家庭背景、教育程度等因素则可以不在考虑之列。西方童话中王子与灰姑娘的浪漫爱情故事也在西方现实生活中存在,如英国的查尔斯王子之所以最终选择出身、相貌普通得不能再普通的卡米拉作为自己的爱人,正是因为两人有着契合的性格和共同的爱好。

②婚姻中的夫妻关系。在传统的中国婚姻中,夫妻关系是丈夫处于主导地位,而妻子处于从属地位,有"男主外、女主内"的分工。丈夫是一家之主,是全家的顶梁柱,承担着家庭生活的主要经济责任;妻子的任务是管理家务,侍奉公婆,相夫教子,"男子无妻家无主,女人无夫房无梁。"在现代的中国社会里,男女在婚姻中的地位差距大大缩小。女性走出家门参加工作,在经济上保持相对的独立性。但受传统的影响,有些女性在婚姻中仍需要或愿意做全职太太,在不同程度上依附于自己的丈夫。在西方社会里,平等观念在夫妻关系中处于核心地位,且夫妻关系处于一种平等的地位。"Husband and wife should be equal partners."自工业革命以来,妇女的地位得到明显的提高,妇女开始投身于家庭以外的诸多领域,参加工作、参与交往。妻子和丈夫均可参加工作,共同承担家庭的经济责任,家务事由夫妻双方共同商定、共同承担。

(4)社会观念

社会观念是在一定的社会群体范围内长期形成并需要其群体成员

共同遵循的观念。这种观念往往被作为群体范围内人们交际的言语和行为的评判标准,从而影响到群体内的每一个成员。这些观念主要包括时间观念、自我认同观念等。

①时间观念。不同文化群体的时间观念存在差异。中国的文化传统比较强调大局观,主张凡事从大处着眼,其叙事的顺序、时间与地点的表述、姓与名的排列等,往往由大到小,由整体到局部。而英美文化则比较强调个体因素,看问题的角度往往由小到大、由个体到整体。

多向时间制的中国人支配时间比较随意,灵活性强,且重点是关注过去,因此中国人往往具有由远而近、由大而小、由先而后的聚拢型归纳式思维方式。在西方世界中人们的时间观念很强,其对于时间的概念是直线式的,即将过去、现在和将来分得很清楚,且重点关注的是将来,因此西方人往往具有由近而远、由小而大、由后而先的发散型演绎式思维方式。例如,中国人记录时间的顺序是"年、月、日",而西方人记录时间的顺序是"日、月、年"或者是"月、日、年"。

霍尔根据人们利用时间的不同方式,提出一元时间制(monochronic time system,亦译为"单向时间制")和多元时间制(poly-chronic time system,亦译为"多向时间制")两大系统。

一元时间制的特征:长计划,短安排,一次只做一件事,已定日程不轻易改变。一元时间制是工业化的必然产物,一般分布在工业化程度较高的地区,富有效率,但有时显得过于呆板,缺少灵活性。

多元时间制的特征:没有严格的计划性,一次可做多件事,讲究水到渠成。多元时间制是传统农业社会的产物,一般分布在工业化程度较低的地区,虽有人情味,容易对人、对事进行变通(如走后门),但也给人们带来不少烦恼。

中国人对待时间具有相当的随意性。对由此产生的诸如不打招呼就登门拜访、约会时迟到、交通工具晚点、报纸不按时投递、公共场所的钟表不准等持宽容态度。德语中有一句话:"准时就是帝王的礼貌。"所以,德国人对于约会是非常守时的。德国人的守时也是出了名的。在德国,人人都携带一个小记事本。在本子上记着一个月之内的工作安排。提前计划是德国人生活的一个显著特点,就连家庭主妇出门买菜的内容都要事先计划好写在小本子上,在超市采购也按照事先设想好的线路进行。德国人对约会有不少规定。首先,一般都得在一周前将邀请、约会的时间、地点、内容告诉对方,以便对方早做安排。其次,对于与别人约好了的时间,一般是不会变更的,除非实在有特殊原因。最后,赴会的人一般都必须准时赴约,由于交通堵塞等特殊原因迟到的,通常需要及时通知对方。德国人都会科学而合理地安排时间,以提高效率。比如,德国人开会,事先都会安排好具体时间及开会议程,一般主持人在会议开始时就告知大家会议所需要的时间,并且在计划和规定的时间内完成相关事项,绝不拖延。例如,在电视剧《大染坊》中有一个情节:宏钳染厂的老板雇了几个德国技工,这几个技工每天早晨八点准时来上班,到下午五点准时下班。有一次,在一个夏天的下午,老板看见这几个技工五点下班,但天上的太阳还很高,于是就问他们:"怎么这么早就下班了?太阳还没下山呢!"老板得到的回答:"下班的时间到了,已经五点了。"老板告诉他们,在中国,人们的工作习惯是要等到天黑才能下班。后来有一天暴雨将至,天色暗沉下来,于是几个技工便收拾工具要下班。老板看见就问他们原因,得到的回答:"你上次说,天黑了下班,现在天黑了,所以我们下班了。"老板无奈地笑了笑。

②自我认同观念。自我认同观念是由自我身份认同、自我价值取向和自我价值的实现三大要素构成的对自我的理解、态度和塑造的观念体系。中西方人的自我认同观念存在很大差异。在中国传统文化中形成了"重名分、讲人伦"的伦理观念。而西方社会形成了"人为本、名为用"的价值观。这些差异具体体现在立身、处世等方面。中国的传统文化长期受儒家修身、齐家、治国、平天下的道德价值观影响,形成了"万般皆下品,唯有读书高"的社会价值取向。受先秦时代"满招损,谦受益"的哲学思想的影响,汉民族具有含蓄深沉、崇尚谦虚的传统观念。

第一,中国人受传统思想的影响而形成了"卑己尊人"的礼让观念。"夫礼者,自卑而尊人。"(《礼记》)首先是"厚礼"。"非礼勿言。"(《论语》)"礼者,贵贱有等,长幼有差,贫富轻重皆有称者也。"(《荀子·富国》)其次是"重德"。儒家的仁学思想将个体人格的自我修养作为行仁义的先决条件,即"内圣"。佛教和道教崇尚"虚静""修身养性""谦虚自律"等。最后是"谦恭"。"谦谦君子,卑以自牧也。"(《周易·象》)"满招损,谦受益。"(《尚书·大禹谟》)中国人受这些传统礼教的影响,常常是通过"贬低自己、抬高别人"的办法来让对方肯定自我,赢得尊重,被西方学者称为无我文化。

第二,中国人受传统思想的影响而形成了"他人取向的自我即义务本位"的观念。在中国传统文化中,个人是群体的分子,是所属社会关系的派生物。人们的群体利益优先于个人利益,个人利益依附于群体利益并通过群体利益来体现。自我的主体性、独立性、人格、地位常常被忽略或者剥夺,而以繁重的义务和责任的形式来体现。因此,中国人在处事方面首先考虑的是别人的感受和反应,注重顾全面子的"礼多人不怪""君子和而不同"的交际原则,通常以牺牲自身利益或者委屈自己为代价来迎合他人的心态和方式进行交际。在人际交往中,中国人信奉"人情一线牵,日后好见面""礼尚往来""多个朋友多条路,大树底下好乘凉"的教条,努力将自我融入某个强势群体中,以免被"边缘化"。林语堂说人情、面子、命运是支配中国人生活的三大女神。

相比之下,以商业活动为经济基础的西方文化受功利主义伦理观影响,认为思想观念和现实世界之间存在着直接联系,形成了"个性张扬、求利至上"的社会价值取向。

第一,在西方社会里,受平等理念的影响形成了"自我中心、自我展示、自我实现"的观念。因而,在西方人的自我观念中,谦虚是一种病态,自卑是没有自信的表现,尊重来源于自信与平等。在英语中,只有一个单词永远是大写的,那就是"I"。平等观念被人们普遍接受。杜鲁门当选美国总统后,有人向其母表示祝贺:"你有这样的儿子一定十分自豪。"杜鲁门的母亲回答:"是的,不过我还有一个儿子同样值得骄傲,他现在正在地里挖土豆。"

第二,在西方文化中,人们受"独立、人权"思想的影响形成了"自我中心的权利本位"观念。这一观念体现为自我取向,即以自我为中心的交际心态和准则。在人际交往中体现为办事不讲情面,崇尚公平竞争,吃饭 AA 制,社交称谓以平等的姓名称谓为主等。例如,在美国的社会交往中,除教授、医生等少数职业外,不论职业、阶层、贵贱,一般都采用平等的姓名称谓。观念是人们用以支配行为的主观意识。人类的行为都是受行为执行者的观念支配的,观念直接影响到行为的结果。文化的价值体系对跨文化交际产生重要的影响。

在文化交流中,观念可以影响人们的行为。笔者朋友在英国学习期间,了解到欧洲人的告别方式存在差异,英国人是 kiss goodbye,而欧洲大陆的一些国家如法国、意大利等则是 embrace goodbye。在欧洲大陆的一些国家,人们不能接受 kiss,因为在他们的文化观念里,kiss 是只能在非常亲密的恋人或者夫妻之间才能进行的行为。朋友从遇到的一件事中也得到了印证:一天下午,朋友吃过晚饭到大街上边抽烟边散步,这时有两个意大利女留学生跑过来向朋友要烟抽,可朋友口袋里的烟刚好抽完,恰好边上有一个来自中国 N 市的中学生夏令营的带队老师也在抽烟,于是朋友向他要了两支烟给她们,这两个女留学生拿到烟就准备离开,这时朋友提醒她们应该表示感谢,她们问朋友:"How?"朋友便用调侃的语气说:"Kiss—or embrace to express your thanks to him."说话时,朋友故意将 kiss 拖得很长,这期间她们瞪大眼睛吃惊地看着朋友,当她们听到后惊讶的神情马上消失了,连忙说 OK,并拥抱了那个给她们烟的中国男教师。从这件事可以看出,思想观念影响着人们的具体行为。

价值观念往往通过潜移默化的方式向文化群体中的每个成员灌输好与坏、正与误、真与假、正与反、美与丑等标准,使人们明白应该学习什么、批评什么、捍卫什么。例如,在朝鲜,女人是不能穿裤子出现在公共场所的,而应该穿裙子。而且,所穿的应该是长裙,要求裙摆不能高过膝盖,否则会被视为"不正经"。如果看见有人穿有高过膝盖的裙子,就会有上了年纪的"阿玛尼"上前来劝阻和说服。再如,美国妇女本能地对一夫多妻制有一种"嫌恶"。她无法想象和别的女人分享她丈夫的爱,她觉得接受这种状况是违背"人的本性"的。而叙利亚科里亚克部落的妇女会觉得一个女人不能自私地限制丈夫只能有一个伴侣。

（二）跨文化交际教学法

跨文化交际这一现象并不是近期才出现的,而是自古就有。随着人类不断进步,跨文化交际的内容、形式等也在不断改变。在当今时代,跨文化交际的手段和内容变得更为丰富。通过跨文化交际,国与国之间可以相互交流,这种交往的过程是十分复杂的过程。虽然交流的时空距离在不断缩小,但是人们的心理距离、文化距离并没有随之缩小。由于受文化取向、价值观念等的影响,文化差异导致了一些冲突和矛盾的出现,不同文化背景下的人们的交流面临着严峻的障碍。为了解决这些障碍,对跨文化交际进行研究是十分必要的。"跨文化交际"一词是由著名学者霍尔(Hall)提出的 [1],常用 cross-cultural communication 或者intercultural communication 这两个意思相近的词来表达,即指代的是一些长期旅居国外的美国人与当地人之间展开的交际。但是,随着跨文化

---

[1] Hall Edward T. *The Silent Language*[M]. New York: Anchor Books, 1959.

交际的深入,其定义变得更为广泛,指的是不同文化背景下的人们之间展开的交际活动。现如今,很多人将跨文化交际定义为来自不同背景的人们之间通过语言来实现信息的交流与共享的过程。

1. 大学英语跨文化交际教学的因素

跨文化交际的过程是一个信息编码与解码的过程。这一过程是非常复杂的,同时会受到多种因素的影响和制约。其主要包含两大因素:一是言语交际因素,另一个是非言语交际因素。下面就来分析和探讨这两大因素。

(1)言语交际

语言是人们进行交际的重要因素之一。语言跨越了人们的心理、社会等层面,与之相关的领域也很多。对语言进行研究不仅是语言学的任务,也是心理学、社会学等学科的任务和内容。因此,语言与交际关系的研究具有明显的跨学科性。人具有很多特征,如可以制作工具、可以直立行走、具有灵巧的双手等,但是最能够将人的本质特征反映出来的是人的语言。人之外的动物也可以通过各种符号来进行信息的传递,如海豚、蜜蜂等都可以传递信息,但是它们所传递的信息只能表达简单的意义,它们的"语言"是不具备语法规则的,也不具有语用的规则。人们往往通过语言对外部世界进行认识与理解。语言具有分类的功能,通过分类,人们可以对事物有清晰的了解与把握。人们的词汇量越丰富,他们对外部世界的认识就越清晰、越精细。

人们在进行言语交际的过程中,往往会存在一个信息取舍的过程。下面通过图 5-5 来表达言语交际的具体过程。

在图 5-5 中,A 代表的是人们生活的无限世界,B 代表的是人类的听觉、视觉、嗅觉、味觉、触觉这五种感官所能触碰到的部分,如眼睛可以触碰到光线的刺激,耳朵可以触碰到 20 赫兹到 2 万赫兹周波声。另外,当这些感官不能处理多个信息的时候,在抓住一方时必然会对另一方进行舍弃。不过,还存在一些不是凭借五感来处理的部分,而是通过思维和感觉的部分。例如,平行的感觉、时间经过的感觉就属于五感之外的感觉。人们在头脑中进行抽象化的思维,有时候与五感的联系不大。

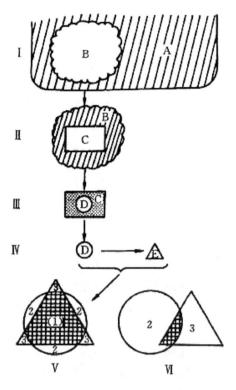

图 5-5　言语交际的过程 [①]

（资料来源：陈俊森、樊葳葳、钟华，2006）

　　C 代表的是五感可以碰触的范围中个人想说、需要注意的部分。D 代表的是个人注意的部分中用语言能够传达出来的部分，这里也具有一定的抽象性。例如，人的知觉是非常强大的，据说可以将 700 万种颜色识别出来。但是，与颜色相关的词汇并不多。就这一点来说，语言这一交际手段是相对贫弱的。同时，语言具有两极性，简单来说就是中间词较少。尤其是语言中有很多的反义词，如善—恶，是很难找到中间词的。

　　E 代表的是对方获取的信息，到了下面的第 V 阶段，是 D 和 E 的重叠，在重叠的部分，1 是指代能够传递过去的部分，2 与 3 是某些问题的部分，其中 2 是指代不能传递过去的部分，3 是指代发话人虽然并未说出，但是听话人自己增加了意义。在跨文化交际过程中，由于不同人的世界观、价值观不同，因此完全有可能形成 VI 的状况。

　　总之，从图 5-5 中我们不难看出，从 A 到 E 下降的同时，形状的大

①　严明.跨文化交际理论研究 [M].哈尔滨：黑龙江大学出版社，2009.

小也在缩小,这就预示着信息量也在逐渐变小。这里面就融入了抽象的意义。在阶段Ⅰ中,人的身体如同一个过滤器;在阶段Ⅱ中,人的思维、精神等如同一个过滤器;到了阶段Ⅲ,语言就充当了过滤器。这样我们不难发现,言语交际不仅有它的长处,也具有了它的短处。为了更好地展开交际,就需要对言语交际的这一长处与短处有清楚的认识。

在对跨文化交际影响的多个因素中,语言作为文化的重要表现,是跨文化交际的一大障碍。从萨丕尔—沃尔夫(Sapir-Whorf)假设中我们不难发现,语言是人们对社会现实进行理解的向导,对人们的感知和思维有着重要的影响。无论是何种语言,都有其独特的语音、词汇、语法、语言风格等。对一门外语进行学习,对其语言习惯与交际行为的了解有着十分重要的意义。

①言语调节。语言并不是一个简单的交流工具,语言不仅是文化的载体,它还是个人和群体特征的表现与象征。一般来说,能否说该群体的语言是判断这个人是否属于该群体的标志。同样,某些人都说同一语言或者同一方言,那么就可以很自然地认为他们都源自同样一种文化,他们在交流时也会使用该群体文化下的行为规范、价值观念、交际风格,因此也会让彼此感到非常轻松。正因为所说的语言体现出发话人的身份,而且人们习惯于与说自己语言的人进行交流,因此学外语的热潮无论在国内还是国外都很高,人们都想得到更多群体的认同。不仅如此,语言还标志着一个民族的文化独立与主权,其对于一个国家民族而言是非常重要的。统一的语言是民族、群体间的黏合剂,其有助于促进民族的团结。更为有趣的一点是,人们对其他民族语言如此的崇尚,往往会产生爱屋及乌的想法,对说这种语言的外国人会不自觉地流露出亲近与欣喜之情。

语言具有的这种个人身份与凝聚力预示着言语调节的必然性。所谓言语调节,又可以称为"交际调节",即人们出于某种动机,对自己的语言与非语言行为进行调整,以求与交际对象建构所期望的社会距离。一般而言,发话人为了适应交际对象的接受能力,往往会迎合交际对象的需要与特点,对自己的停顿、语速、语音等进行稍微的调整。

常见的言语调节有妈妈言语、教师言语等,就是妈妈、教师等为了适应孩子或者学生的认知与知识水平而形成的一种简化语言。这属于一种趋同调节的现象,有助于更好地进行交流,达到更好的交流效果。当然,与趋同调节相对,还存在趋异调节,其主要目的是维持自己文化的鲜明特征与自尊,对自己的语言行为与非语言行为不做任何的调整,甚至夸大与交际对象的行为,这种现象的产生正是由于语言作为文化独立象征以及个人身份而造成的。或者说,趋异调节的产生可能是因为发话人不喜欢交际对象,或者为了让对方感受未经雕饰或者原汁原味的语言。总之,无论是趋同调节,还是趋异调节,都彰显了发话人希望得到交际对象的认同,通过趋同调节,我们希望更好地接近对方;通过趋异调节,我们希望能够保持一定的距离。因此,理想的做法应该做到二者的结合,不仅要体现出自己希望与对方进行交际的愿望,还要保证一种健康的群体认同感。

需要指出的是,在影响言语调节的多个因素中,民族语言活力有着非常重要的影响作用。所谓民族语言活力,即某一语言的社会经济地位,以及说这种语言的分布情况与人数等。如果一种语言的活力大,那么对社会的影响力也较大,具有较广的普及率,政府与教育机构也会大力支持,人们也会更加青睐。这是因为人们会将说这种语言的人与语言本身的活力相关联,认为这些人会具有较高的声望,所以愿意被这样的群体接受与认同。在跨文化交际中,言语调节理论证明了跨文化交际与其他交际一样,不仅是为了交流信息与意义,更是一个个人身份协商与社会交往的过程。来自不同文化的交际双方在使用中介语进行交流时,还需要注意彼此的文化身份与语言水平,并进行恰当的调节。

②交际风格。在言语交际中,交际风格是非常重要的层面。著名学者威廉·古迪孔斯特和斯特拉·廷图米(William Gudykunst & Stella Ting-Toomey)论述了四种不同的交际风格,即直接与间接的交际风格、详尽与简洁的交际风格、以个人为中心与以语境为中心的交际风格、情感型与工具型的交际风格。

第一,在表达意图、意思、欲望等的时候,有人会开门见山,有人却拐弯抹角;有人直截了当,有人却委婉含蓄。美国文化更注重精确,美国英语的运用在很大程度上与这一点相符。从词汇程度上来说,美国人常使用 certainly, absolutely 等这类意义明确的词汇。从语法、句法上来说,英语句子一般要求主谓宾齐全,结构要求完整,并且使用很多现实语法规则与虚拟语法规则。从篇章结构上来说,美国英语往往包含三部分:导言、主体与结论,每一段具有明确的中心思想,第一句往往是全段的主题句,使用连词进行连接,保证语义的连贯。与之相对的是中国、日本的语言,常用"可能""或许""大概"这些词,篇章结构较为松散,但是汉语中往往形散神不散,给人回味无穷的韵味。

英汉语言的差异,加上受个人主义与集体主义的影响,导致了英美人与中国人交际风格的差异。中国文化强调和谐性与一致性,因此在传达情感与态度以及对他人进行评论与批评时,往往比较委婉,喜欢通过暗示的手法来传达,从而避免难堪。如果交际双方都是中国人,双方就会理解,但是如果交际对象为英美人,就会让对方感到误解。因此,从英美人的价值观标准上来说,坦率表达思想是诚实的表现,他们习惯明确地告知对方自己的想法,因此直接与间接的交际风格会出现碰撞。

第二,不同的交际风格有量的区别,即在交流时应该是言简意赅,还是详细具体,或者是介于二者间的交际风格。威廉·古迪孔斯特和斯特拉·廷图米在对其他学者的研究结果进行研究的基础上指出,中东的很多国家都属于详尽的交际风格,北欧和美国基本上属于不多不少的交际风格,中国、日本等亚洲国家属于简洁的交际风格。这是因为阿拉伯语言本身具有夸张的特点,这使得阿拉伯人在交际中往往会使用夸张的语言来表达思想和决心。例如,客人在表达吃饱的时候,往往会多次重复"不能再吃了",并夹杂着"向上帝发誓"的话语,而主人对 no 的理解也不是停留在表面,而认为是同意。中国、日本作为简洁交际风格的代表,主要体现在对沉默、委婉的理解上。中国人认为"沉默是金",并认为说话的多少同地位有着密切的关系。一般来说,中国的父母、教师属于说教者,子女、学生属于听话者。美国文化中反对交际中的等级制,主张平等,因此子女与父母、学生与教师都享有平等的表达思想的机会。

第三,威廉·古迪孔斯特和斯特拉·廷图米提出了以个人为中心与以语境为中心的交际风格。以个人为中心的交际风格是采用一些语言手段,对个体身份加以强化;以语境为中心的交际风格是运用语言手段,对角色身份进行强化。这两种交际风格的差别在于,以语境为中心的交际风格是运用语言反映社会等级顺序,将这种不对等的角色地位加以彰显;以个人为中心的交际风格是运用语言平等的社会秩序,对对等的角色关系加以彰显。同样,在日语中,存在着很多的敬语和礼节,针对不同的交际对象、交际场合、角色关系等,会使用不同的词汇、句型,并且人际交往也非常正式。如果是在一个非正式的场合,日本人往往会觉得不自在,在他们看来,语言运用必然与交际双方的角色有着密切的关系。与中国、日本的文化存在鲜明对照的是英语,英美文化推崇直率、平等与非正式,因此他们在使用语言进行交际时往往使用那些非正式的称呼或者敬语,这种交际风格表达的是美国文化对民主自由的推崇。

第四,中西方交际风格的差异还体现在情感型与工具型的区别上。情感型的交际风格是以信息接收者作为导向,要求接收者具备一定的技能,对信息发出者的意图要善于猜测与领会,要能够明白发话人的弦外之音。另外,发话人在信息发送的过程中,要观察交际对方的反应,及时地改变自己的发话方式与内容。因此,这样的言语交际基本上是发话人与听话人之间信息与交际关系的协商过程。相比之下,工具型的交际风格是以信息发出者作为导向,根据明确的言语交际来实现交际的目标,发话人明确地阐释自己的意图,听话人就很容易理解发话人的言外之意,因此与情感型的交际风格相比,听话人的负担要轻很多。可见,工具型的交际风格是一种较为实用的交际风格。

显然,上述几种交际风格是相互关联与渗透的,它们是基于不同的文化价值观建立起来的,其中影响力最大的是集体主义与个人主义的差异,其贯穿于社会的各个领域,并从很大程度上决定中西方文化的不同。

（2）非言语交际

言语交际是通过语言来展开交际的,而非言语交际是通过非言语交际行为展开交际的。非言语交际是言语交际的一种辅助手法,是往往被人们忽视的手法。但是,非言语交际在英汉交际中起着十分重要的作用,甚至有助于实现言语交际无法实现的效果。非言语交际包含多个层面,如体态语、副语言、客体语言等。

对于非言语交际,一般来说主要包含如下几类。

①体态语。体态语又可以称为"身体语言",其由美国著名的心理学家伯得惠斯特尔(Birdwhistell)提出。在伯得惠斯特尔看来,他认为身体各部分的器官运动、自身的动作都可以将感情态度传达出去,这些身体机能所传达的意义往往是语言不能传达的。体态语包含身势、姿势等基本姿态,微笑、握手等基本礼节动作,眼神、面部动作等人体部分动作等。

所谓体态语,即传递交际信息的动作与表情。也可以理解为,除了正式的身体语言之外,人体任何一个部位都能传达情感的一种表现。由于人体可以做出很多复杂的动作与姿势,因此体态语的分类是非常复杂的。体态语包括眼睛动作、面部笑容、手势、腿部姿势。

眼睛是人类重要的器官,其是表情达意的重要组成部分,如愤怒时往往"横眉立目",恋爱时往往"含情脉脉"等。在不同的情况下,眼睛也反映出一个人不同的心态。当一个人眼神闪烁时,他往往是犹豫不决的;当一个人白别人一眼时,他往往是非常反感的;当一个人瞪着他人时,他往往是非常愤怒的等。之所以眼睛会有这么多的功能,主要是因为瞳孔的存在。一些学者认为,瞳孔放大与收缩,不仅与光感有关,还与个体的心理活动有着密切的关系。当人们看到喜欢的东西或者感兴趣的事物时,他们的瞳孔一般会放大;当人们看到讨厌的东西或者不感兴趣的事物时,他们的瞳孔一般会缩小。瞳孔的改变会无意识地将人的心理变化反映出来,因此眼睛是人类思维的投影仪。既然眼睛有这么大的功能,学会读懂眼语是非常重要的,同时要注意不要读错。例如,到他人家做客,最好不要左顾右盼,这样会让人觉得心不在焉,甚至心术不正。需要指出的是,受民族与文化的影响,人们用眼睛来表达意思的习惯并不完全一样。

笑在人的一生中非常重要。当人不小心撞到他人时,笑一笑会表达一种歉意;当向他人表达祝贺时,笑一笑更显得真挚;当与他人第一次见面时,笑一笑会缩短彼此的距离。可见,笑是人类表情达意不可或缺的语言之一。笑可以划分为多种,有大笑、狂笑、微笑、冷笑,也有自嘲的笑、高兴的笑、阴险的笑等。当然,笑也分真假,真笑的表现一般有两点:一种是嘴唇迅速咧开,一种是在笑的间隔中会闭一下眼睛。当然,如果笑得时间过长,嘴巴开得缓慢,或者眼睛闭得时间较长,会让人觉得这样的笑容缺乏诚意,显得非常虚假和做作。当然,笑也有一些"信号"。其一,突然中止的笑。如果笑容突然中止,往往有着警告和拒绝的意思。这种笑会让人觉得不安,会希望对方尽快结束话题。但是,如果一个人刚开始有笑意,之后突然板着脸,这说明他比较有心机,是那种难缠的人。其二,爽朗的笑。这是一种真诚的笑,给人一种好心情的笑,一般会露出牙齿、发出声音,这种笑会让对方觉得你是一个很好相处的人,很容易信任与亲近你。其三,见面开口笑。这种笑是人们日常常见的,指脸上挂着微笑,具有微笑的色彩,这种微笑具有礼节性,可以使人感到和蔼可亲。无论是见到长辈、小辈,还是上级、下属,这种笑都是最为恰当的笑。但需要指出的一点是,在笑的过程中要更为谨慎,其不是一见面就哈哈大笑,这会让人感觉莫名其妙,它是一种谨慎的、收敛的笑。其四,掩嘴而笑。这种笑是指用手帕、手等遮住嘴的笑。这种笑常见于女性,显得较为优雅,能够将女性的魅力彰显出来。由于文化背景的差异,不同国家的人对笑的礼仪也存在差异。在大多数国家,笑代表一种友好,但是在沙特阿拉伯的某一少数民族,笑是一种不友好的表现,甚至是侮辱人的表现,往往会受到惩罚。

手是人体的重要部分,在表达情意的层面作用非凡。大约在人类创造了有声语言,手势也就产生了。手是人们传递情感的行之有效的工具之一。一般情况下,手势可以传达的意思有很多,高兴的时候可能手舞足蹈,紧张的时候可能手忙脚乱等。当一个人挥动手臂时,往往是表达告别之意;当一个人挥动拳头时,往往是表达威胁之意。而握手这样一个日常生活中普遍的动作,也能够将一个人的个性表达出来。第一种类型是大力士型,其在与他人握手时是非常用力的,这类人往往愿意用体力来标榜自己,性格比较鲁莽。第二种类型是保守型,这类人在与他人握手时往往手臂伸得不长,这类人性格较为保守,遇到事情时往往容易犹豫。第三种类型是懒散型,这类人与他人握手时,一般指头软弱无力,这类人的性格比较悲观懒散。第四种类型是敷衍型,这类人与他人握手是为了例行公事,仅仅将手指头伸给对方,给人一种不可信赖的感觉,这类人做事往往比较草率。还有一种是标准的握手方式,即与他人握手时应该把握好力度,自然坦诚,不流露出任何矫揉造作之嫌。

在舞会、晚会等场合,人们往往会有抖腿、别腿等腿部动作,这些动作虽然没有意义,但是他们在传达某种信息。因此,腿在人们的表情达意过程中有着非常重要的作用。对腿的动作的了解是人们了解内心的一种有效途径。当你坐着等待他人到来时,往往腿部会不自觉地抖动,以表达紧张和焦虑之情,当心中想拒绝别人或者心中存在不安情绪时,往往会交叉双腿。

②副语言。一般来说,副语言又可以称为"伴随语言""类语言",其最初是由语言学家特拉格(Trager)提出的。他在对文化与交际的过程进行研究时,搜集整理了一大批心理学与语言学的素材,并进行了归纳与综合,提出了一些适用于不同情境的语音修饰成分。在特拉格看来,这些修饰成分可以自成系统,是伴随着正常交际的语言,因此被称为副语言。具体来说,其包含如下几点要素。

音型(voice set),指的是发话人的语音物理特征与生理特征,这些特征使人们可以识别发话人的年龄、语气等。

音质(voice quality),指的是发话人声音的背景特点,包含音域、音速、节奏等。例如,如果一个人说话吞吞吐吐,没有任何的音调改变,他说他喜欢某件东西其实意味着他并不喜欢。

发声(vocalization),其包含哭声、笑声、伴随音、叹息声等。

上述三类是副语言的最初内涵,之后又产生了停顿、沉默与话轮转换等内容。

③客体语。所谓客体语,是指与人体相关的服装、相貌、气味等,这些东西在人际交往中也有着非常重要的作用。从交际角度而言,这些层面都可以传达非言语信息,都可以将一个人的特征或者文化特征彰显出来,因此非言语交际是一种非常重要的媒介手段。无论是西方文化还是中国文化,人们对于自己的相貌都非常看重。但是,在各国文化中,相貌评判的标准也存在差异,有共性,也有个性。例如,汤加人认为肥胖的人更美,缅甸人认为妇女脖子长更美,美国人认为苗条的女子更美,日本人认为娇小的人更美等。[①]人们身上佩戴的饰品本身并没有什么意义,但是出现在不同的场合,就是一种媒介和象征。例如,戒指戴在食指上代表求婚,戴在中指上代表恋爱中,戴在无名指上代表已婚。这些作为一种约定俗成的代码,人们不可以弄错。一般来说,佩戴耳环是妇女在交际场合的一种习惯。当然,少数的青年人也会佩戴耳环,以彰显时尚。佩戴一只耳环表示有大丈夫的气息,但是佩戴两只耳环表明他是一个同性恋者。

2. 大学英语跨文化交际教学的任务

外语教育的文化立场作为外语教育的一种基本策略与思维方式,并不意味着在语言知识中简单嵌入文化因素,而是将语言知识与文化知识整合起来,更好地融为一体展开教学。显然,外语教育的文化立场的意蕴显现了出来。

(1)实现外语教育的文化立场转向

外语学习不仅是一种语言学习,更是一种对多元文化认识与理解的过程。单一的语言学立场容易造成语言与文化的分离。众所周知,语言与文化是并存、共生的,二者是密不可分的关系,语言是突出部分与表现形式,是文化的载体与产物。世界上没有不反映文化内容的语言,也没有与语言无关的文化。语言本身就属于一种文化现象。一个民族的文化在其民族语言中隐藏,因此语言结构具有民族文化的通约性。如果

---

① 李莉莉.跨文化交际中的非语言行为[D].黑龙江:黑龙江大学,2004.

不了解语言中的社会文化，那么就很难真正地理解语言。因此，就本质上说，语言教学与文化知识教学有着密不可分的关系，语言教学本身应该将文化内容纳入其中来讲授。而且，学生通过对文化知识的学习，能够了解不同的思维方式与风俗习惯，拓展他们语言学习的知识面，提高自身的文化修养。

（2）克服单一的语言知识教学的局限性

外语教学不仅是一种文化知识教学，更是跨文化视角下的文化回应性教学。所谓文化回应性教学，即要求在教学目标上培养学生尊重其他文化的态度与意识，帮助学生形成自身文化的自豪感与认同感，使学生能够从不同视角出发对同样的事件和经验加以审视与理解，提升自身对文化差异的鉴赏力。外语学习其实属于一种跨文化学习。外语与母语有着不同的价值观、不同的文化背景，因此在外语教育中，教师需要他引导学生在了解语言符号知识的基础上，对不同的文化立场与文化背景进行认识和了解。同时，回归母语文化，对不同文化因素的差异性进行判断与理解，对人类共同的核心价值观进行识别，从而有助于培养学生形成尊重其他文化的态度，构建他们对自身文化的自豪感。

（三）课程思政教学法

1. 大学英语课程思政教学的目标

基于经济全球化的背景，中国提出了"一带一路"的倡议，这就要求中国应该努力培育出一批英语专业能力强、能够展开跨文化交际的全方位人才。基于此，大学英语课程思政改革需要从如下几点着手。

（1）发扬中华文化精髓，培养大学生的文化自信

中华文化有着五千年的历史，到了今天，中华文化的价值理念一直为人类文明的进步提供重要启示。对中华优秀的传统文化进行研究与传承，有助于树立中华民族的文化自信。习近平总书记认为，没有高度的文化自信，没有文化的繁荣兴盛，就很难实现中华民族的伟大复兴。因此，大学英语课程思政建设需要融入文化自信，从而让学生逐渐树立中华文化的自豪感。

未来世界的竞争主要体现在国际人才上，能够从全球的角度对问题进行观察、处理等，是对未来国际人才的要求。随着世界一体化的推进，学生需要具备国际视野，这也是我国人才培养的一项重要目标。

当代大学生不仅需要具备爱国主义情操,还需要具备与国际接轨的能力,让自己逐渐成为具备多元价值观的公民。

（2）助推心理健康,构建完善人格

受功利主义的影响,传统的教育主要强调成绩,只有成绩好,学生才能树立自己的认同感,也能够得到教师、家长的认同。如果成绩不好,学生很容易产生抵触情绪,也比较容易出现挫败感。显然,自尊在学习中非常重要,有助于学生发挥主观能动性,只有具有明确的理想,才能够对自己的生活、学习安排处理得当,也能够处理好人际关系。课程思政教学就是要树立大学生的完善人格,从而帮助学生树立崇高理想,使大学生成为德才兼备的人才。

2.大学英语课程思政教学的策略

（1）搭建优秀的传统文化交流平台

教师可以组织学生开展"我们的节日"等活动,对中国的传统节日文化进行丰富,使这些传统文化更富有生机。同时,加大宣传力度,如可以组织学生对学校的历史进行定期的学习,在学习校史的情况下,发挥传统文化的作用与意义。教师可以运用多种文化资源,如图书馆、博物馆、遗址等,培养学生的民族认同感,并结合学校的多重优势,举办讲座,提升学生对中国文化的理解与认知,增强他们的爱国情操。

教师可以组织富有中国文化内涵的社团活动,通过这些活动,使学生的校园生活更加丰富多彩,也能够使学生在不知不觉间感受传统文化的魅力。

（2）充分发挥新老媒体的传播作用

在新时代背景下,教师要引导学生运用网络,综合书籍、期刊、网站、电台等多种媒体,创新宣传形式,使中国传统文化的传播与时代发展的特点相符合,使中国优秀的传统文化更具有生命力。具体来说,可以采用如下几种方式:创设有内涵的中国传统文化网站;在校园网中创设传统文化项目,或者可以运用微信平台,这样将文化融入生活之中;充分运用学校资源,将学校的人文传统发挥出来,开设名家讲堂。

（3）提升教师传播中华优秀传统文化的能力

由于当前很多教师的知识结构相对单一,对中国传统优秀文化掌握得并不充足,因此应该努力提升教师的能力。具体来说,主要可以从如下三点着手。第一,教师应努力学习中国优秀的传统文化。高校也应该鼓励教师不断对知识结构加以完善,对中国文化的发展情况、历史渊源等有所了解,对中国优秀的传统文化形成全面的认识,尤其是对核心价值观的理解和把握。第二,教师应该不断提升敏感性。高校应该为教师提供出国培训的机会,让英语教师真正地置于文化交际语境中学习。第三,教师应该不断提升自身的综合能力,真正地做到以身立教,培养自身的人格魅力,这样才能与学生展开有效的互动与沟通。教师还需要具备广泛的心理学知识,对现代教育技术予以掌握,对不同的内容采用与之相适应的教学手段,真正地实现因材施教。

第六章 构建基于"互联网+"的 多元化评价手段

高等教育的网络化对大学英语教学提出了新的要求,其不仅要求大学英语教学更新理念、改变方式,还要求对教学评价进行反思与评价。当前大学英语教学的突出问题就是教学评价不完善、不合理。因此,当前的大学英语教学应该以互联网作为支撑,对教学评价体系进行改变,使教学评价更具有多元化与科学性。本章就对构建基于"互联网+"的多元化评价手段进行分析。

第一节 大学英语教学评价相关内涵解析

一、评价、评估与测试三者的区别

对于评价,很多人会联想到测试、评估,认为三者是同一概念。但是仔细分析,三者是存在一定的区别的。简单来说,测试为评价、评估提供依据,评估为评价提供依据,评价是对教学效果的综合评估。三者的关系如 6-1 所示。

从图 6-1 中可知,评价与测试、评估关系非常密切,但是也不乏区别的存在。具体来说,可以从如下两点理解。

就目标而言,测试主要是为了满足教师、家长的需要,便于他们弄清楚自己学生 / 孩子的成绩。当今社会仍旧以测试为主,并且测试也为家长、教师、学生提供了很多信息。评估主要是为教师与学生提供依据,如学生在学习中遇到什么问题、学生学习的效果如何等,便于教师提升自身的教学质量,也便于学生提升自身的学习效果。评价有助于行政部门对教学进行合理配置。显然,三者有着不同的作用。

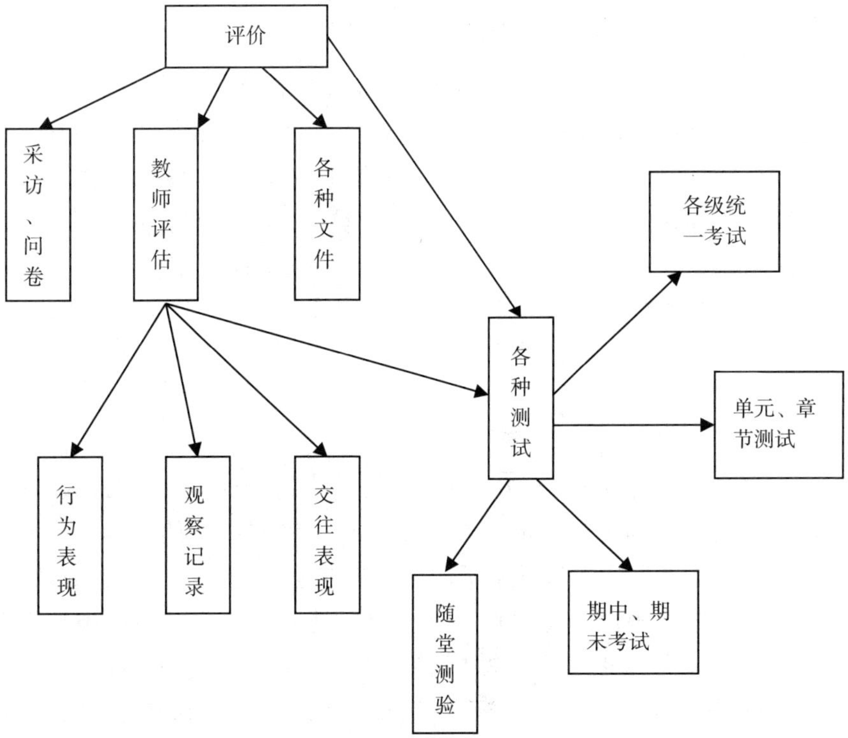

图 6-1　评价、评估与测试的关系

(资料来源:黎茂昌、潘景丽,2011)

就数据信息而言,测试主要收集的是学生试卷的信息,也是学生语言水平的反映,但是试卷无法评估学生的语言运用能力。评估可以划分为终结性评估与形成性评估两类,终结性评估简单来说就是测试,而形成性评估主要是学生学习的过程。评价往往是从测试、问卷、访谈等多个层面来说的,属于一种综合性评估。

二、当前大学英语教学评价的变革

在当前的大学英语教学中,评价问题一直是一个瓶颈问题。自从2001年教学改革的推进,英语教学评价成为热点问题之一,很多教师开始接受新的评价观念,凸显评价的发展性功能,并从评价内容、评价标准、评价方法等多个层面对其展开探究。就整体而言,大学英语教学评价呈现几点趋势。

（一）英语形成性评价正被英语教师认识与实施

在当前的大学英语教学评价中，形成性评价占据重要层面，并在我国已经非常常见。由于受到应试教育等因素的影响，我国很多教师对于形成性评价的认识不到位。但是，随着英语教学的不断改革，形成性评价被很多教师认识，并在逐渐实施起来。英语形成性评价分为测试型评价与非测试型评价两大类。很多高校开发了这两种形成性评价，以关注学生的日常英语学习情况。当前，对于这两类评价，主要采用评价表、问卷、成长记录袋等多种形式。

（二）英语口语测试得到重视

在一些地区的英语考试中，已经增设了口语测试，更多的地区、学校已经把口语测试列为考试的一个重要内容。没有口试的英语测试是不完整的。英语课程标准对学生听的能力有明确的要求。既然有要求，就必然会有相应的检测。英语口试命题要坚持同步性、交际性、趣味性和激励性的原则。这里激励性原则非常重要。口试与笔试不同，它的评分主观性、随意性较大，要想取得绝对准确的结果是很难的。因此，在高考、中考以外的口语测试中我们不要过分强调甄别性，而要突出激励性。这就是以鼓励学生运用英语为出发点，在一定行政区域内推行的口试不强求各校之间的成绩可比性。把测试学生口语能力与考查学生的学习态度及学习潜质结合起来，使学生对口试一点也不望而生畏。通过口试调动学生的学习积极性是最大的收获，我们寻求合理的相对准确的评分标准也会在这种和谐的气氛中得到认同。通过人机对话实行口试，是口试数字化的一种尝试。例如，在深圳等地，英语口试就实行了人机对话。最近，在深圳市南山区的期末考试中，引进了国外 T-Best 任务型口试软件，通过人机对话进行口试。这种口试形式其优点是时间、人力上都很经济，标准更趋接近，其缺点是人文性较差。但从口试形式上，与我们原来的形式可以形成互补关系。

自从大学英语课程改革以来，各地对于学业考试命题都非常注重。其主要呈现了如下几点走向。

第一，将纯知识的考试比例降低。

第二，注重语言运用能力的考查。

第三,强调考试题目与实际生活紧密关联。

第四,在设计试卷的时候应该体现人文关怀。

(三)英语课堂教学评价关注点发生了改变

英语课堂教学过程是一个师生进步与发展的过程。在课堂教学评价中,过程与学生应该是两个关键词。而在传统的课堂教学评价中,人们对于教师的教过分关注,注重课堂知识是否传达,甚至通过考试成绩来评判教师的课堂教学效果。但是,在课程改革下,各地开始探寻新的评价标准,甚至出台了一些基本的方案,以推进课堂教学。一般来说,在新理念下,大学英语课程评价需要注意如下几个层面。

第一,大学英语教学目标需要与课程改革三维目标相符。

第二,大学英语教学方法的选择需要与学生的发展相符。

第三,大学英语教学评价应该体现学生的主体性特点。

第四,大学英语课堂教学中是否应用了恰当的评价手段。

(四)英语教学管理的评价已经起步

目前,国内对英语教学管理的评价论述不多。已经有不少英语教研员、英语教师开始关注英语教学管理的评价问题。学校对英语教学的管理在很大程度上制约着学校英语教学水平的发展。多年来,我们只关注课堂教学评价、学业评价,而忽视了对管理者管理英语教学的方式、水平等进行评价,这是我们在讨论英语教学评价时必须面对的问题。这些年来,我们把英语教学管理评价作为英语教学评价的内容之一进行研究,并有所心得。这里所说的英语教学管理包括英语课程设置、英语校本教研、英语校本课程、英语教研组工作、英语模块教学等。例如,对英语校本课程的开设,我们就从课程开设的原则、开发类型与过程、课程特点及课程管理几方面进行评价。

第二节　移动互联网支持下大学英语教学评价的意义

作为一种教育评价手段,移动互联网评价是运用互联网对学生的知识能力以及教师的教学质量与目标展开评价,这样的评价具有导向性,其属于评价体系中的一种方式,也是一种创新的评价手段。随着移动互联网技术的进步与发展,利用移动互联网展开教学评价已经成为评价体系的重要一部分,其不仅是移动互联网教育体系中的一项重要内容,也是现代教育评价体系中的一个重要方面。基于移动互联网的环境,教师、学生以及其他管理人员可以在不同地点出现,并呈现出一种松散型的组织结构。如果采用常见的方式,显然难度大、成本也较高,也无法收集到有效的信息,这就要求采用一种全新的收集方式,对学生的信息进行收集,以弥补传统评价方法的不足,以与当前的教学发展相适应。这就是所谓的移动互联网评价。移动互联网评价通过其自身广泛的传播性、交互性,以及数据收集的方便性,参与到了当前的大学英语教学中。移动互联网评价体系具有整体性的特点,其对教学内容、教学目标的整体性展开评价,而并不是将教学目标进行划分。在进行移动互联网评价中,评价主体可以通过网络获取自己的学习效果。

同时,移动互联网评价也具有主体性,其强调一种自我价值的判断,这显然在传统的评价手段中是不存在的。考试强调的是客观评价,但是移动互联网评价更多体现的是一种自律手段,是从被动评价转向主动评价的过程。移动互联网评价可以将人的兴趣与潜能激发出来,从而不断提高人的素质。

此外,移动互联网评价也具有能动性,移动互联网评价创造出的不是一种单一的评价手段,其评价的主体、客体以及网络环境构成了评价框架,共同将主体的能动性激发出发,使网络评价成为一种能够创造、激发的手段与工具。移动互联网评价体系不仅评价的是网络课程的各个环节,其优势还在于从各种实际情况出发,对各种阶段、各方面的信息加以收集,展开形成性评价、终结性评价,对同类系统中信息收集的不充分加以弥补,随着系统不断完善,应用性能不断提高,其应用范围也在不断扩大。

第三节　移动互联网支持下大学英语教学评价的原则

一、树立符合学生认知规律的"发展观"

（一）用发展的观点看待学生

树立符合学生认知规律的"发展观"。从受教育者的认知发展规律出发，用发展的观点看待学生，用发展的观点衡量和要求学生，所有的教育教学活动都是为了学生的健康发展。用发展的观点对待每一个孩子，就必须关注学生的进步，就必须研究学生心理。我们一定要承认学习外语的个体差异，在外语学习上连性别都有差别，作为外语教师绝不能把这些正常的现象当作智商问题，应该认识到这主要是情商的问题。那么，我们应该态度好一点，多一点笑容、多一分宽容，特别是对待学习暂时有困难的学生，不埋怨，不让其在骂声中成长，要让他们在学习活动中有安全感和成就感。放松心理是刺激语言发展的关键，了解这些，教师找到对策是不难的。

（二）强调学生课堂表达行为

围绕每个单元的教学内容确定学生的课堂行为，以学生学习行为的充分表达作为教师教学行为转变的逻辑起点，"行为结构"旨在为学生学习提供从知识到技能形成的"过程"。我们开展的一系列教学评价活动重在评价学生的课堂作为，促进其转变学习方式。而倡导对以技能训练为目的的"教学行为结构"恰好为学生提供了语言表达的平台。

二、树立以学生为主体

树立以学生为主体，以"学"为中心的"主体观"。学生是教育教学的主体，而且是具有能动性的主体，学生在学习过程中是信息加工的主体，只有抓住"学"这个中心，才能完成"教是为了学""学会是为了会学"的转化过程。

树立符合社会发展需要的"人才观"。培养符合社会发展需求的合格人才是教育的根本目的。应树立以符合社会发展需要,符合学生个性发展,并使二者形成最佳结合的人才观。个性(personality)一词,是指个人独特的性格和行为品质的总和。从研究个性的角度来探寻学生英语学习方式的变革是推进英语教育质量适应多元化社会发展的根本出路。从促进学生学习方式的变革中闯出英语教学的新路子是面对未来主动、系统的回应。发展和完善人的个性已成为全球性的教育追求,倡导"以人为本"的英语教育更突出了新时代教育个性化的特点。素质教育的内容之一是非均衡发展,一味追求每个人素质均衡发展不仅违背教育规律,而且也不可能有效地促进学生健康成长,更不可能培养出有个性、有创造力、多样化的人才。我们的教育必须尊重个性的存在,英语教育的特殊性决定了促进英语学习方式的变革必须顺应个性发展的特点。

(一)创设"需要"的环境

突出工具性就要创设需要用语言做事情的环境,让学生在使用语言的环境中感到需要掌握哪些词汇和语言结构才能完成任务。需要产生动机,有需要就会主动。教师在语言教学中应有意设置一定程度的障碍,如要完成某个功能,我还需要什么?如何获得?让学生把学习每一个语言内容都看成是为了某种表达和展示的需要,一旦突破障碍,获得成功,便其乐无穷。

语言学习的需要与个性品质、人格品质都有很大关系。应根据不同学习者的潜质给予不同需要的感悟,设置不同的障碍,提供不同的舞台,特别在学生语言活动中给予个性化的指导和关怀。把需要与学生主体性发展结合起来是教师教学水平发展的一个较高境界。

(二)捕捉良好的学习状态

学生学习英语时,对语言材料的理解反映了个体的综合素质。不同的学生有不同的理解,不可能只有唯一的标准,个性化的语言表达特点尤为明显。为此,在课堂上,要捕捉和保持学生良好的学习状态必须从关注个体开始,教师一定要利用各种反馈来确定学生个体的状况,并调整好自己的教学。但反馈值必须由反馈面和反馈来确定,不能只以几个优生的回答来确定,也不能以低质量的检测来确定。

（三）统一之中的个别指导

学生群体中的智力差异并不大,这给统一要求奠定了基础,但智能类型却能直接影响个体的发展。在大班教学的现实中,教师面临的问题就是统一要求和个别指导的矛盾。分层教学力图解决这一问题,但仅以学业成绩来分层次是否科学确是一个问题,如能研究学生属于哪种智能类型;在语言学习中,某种类型适合从什么方面找到最佳切入点;或可以从哪些方面让该种类型的人最易获得成功感,这样可能会找到治本的出路。在统一之中给予不同个性的个别关注和指导,在语言实践中让每个人有事做,都有获得成功的机会,特别是对自信心不足的人,教师应给予独特的关怀,把成功的体验让给这些孩子。可能教师会辛苦一些,但消除厌学心理,使每个孩子都得到发展是教师的成功。

（四）公平对待每一名学生

英语课上常常可以发现,许多课堂活动设计精良,但遗憾的是活动面仅局限于小部分人。在英语课堂上还有相当多的教师习惯于以个别提问为主的方式,举手的优秀学生可能获得多次机会,不举手的恰恰是有困难的,而他们可能就没有机会。即便是小组活动,个性不同的学生获得的机会时间也不同。这时教师的组织非常重要。教师的工作方式、公平态度、组织策略等都影响学生的学习状态。公平就要求教师既要懂得活动设计,又要善于组织活动,如采用两两对话、两两检查、小组讨论、小组编故事或对话、全班辩论、角色扮演、信息沟通（文字和图片）,效果特别明显,在有限时间内全班几十名学生同时受益。这种形式互动面大,再加上高频率就能为每一个孩子提供学习语言的环境,教师在学生活动中如再针对不同个性的潜质充分发挥其作用,效果就会更好。

三、注重评价的科学性

（一）语言测试

测试评价是大学英语课堂教学的重要手段,也是学校英语教学质量监控的有效的必不可少的教学环节。而英语语言测试评价又最体现科学性。现在英语测试的水平比以前有很大的提高,主要表现在知识立意向能力立意转变的本质内涵得到了充分的表达。试题以"信息或意义"

的表达为测试目的,测试以语篇层次为侧重,试题的情境对语言的制约来自交际情境,答题的过程是学生在不同情境中与自然、环境、人物等不同角色互动的对话过程,考核的焦点在于是否达到交际目的。外语测试对学生获取信息、选择信息、加工信息、创造信息、表达信息、传递信息的能力的展示提供了有效载体。

第一,外语考试考什么。一般人似乎认为课本里讲什么就应该教什么,也就应该考什么。测试对语言知识是重视的,但它看重的是会不会在具体的语境下灵活运用语言知识,重视在真实的情境中考查英语语用能力,通过语篇考查听、说(间接口语)、读、写的技能,通过语言运用考核语言交际能力和最普通的交际行为所必需的对外国文化的了解程度。考查语篇能力贯穿在整个测试中,考听力是在对话和短文中进行的,阅读与完形填空的考核是以短文的形式出现的,写作考查学生的分析、综合、评价的高级技能,考查学生的阅读理解能力,考查分析语篇结构的能力,整体把握篇章的思想脉搏、主旨大意,单项填空也是两句或三句构成的一个语境或情境。高考如此,中考也是如此。

第二,情境提供语言运用的载体。情境决定要表达的意思,要表达的意思决定要说得话的形式,从"交际情境"确定"要表达的意思"再到选择"要用的语言形式",这就是实际运用语言的正常心理过程。听、说、读、写的每一个行为,都以接受、加工、传递信息为目的,这是情境带来的自然制约,是真正的语言"运用"。而课堂上"造句"的心理过程就完全不同。学生先想着 study 这个词,然后再想一个可以出现这个词的句子。学生从"要用的语言形式"确定"要表达的意思",由于是人为地"外加制约",在脱离"交际情境"的情况下,写出来的句子即使语法不错,但心理过程完全违反了实际运用语言的心理过程。这种缺乏交际情境的练习还不能说是"运用"。传统的从语言形式出发的试题,根据要考的词汇和语法去设计试题,很多试题是命题人先决定要用的形式,然后由形式决定要表达的意思,至于交际情境有没有无所谓。这种造句式考试的心理过程完全违反了实际运用语言的心理过程。

(二)教案设计

第一,备课重点。评价的科学性原则要求教案设计必须以设计学生语言操练的活动为主。落实"三维目标"的第一环节就是备课。在日常的外语教学过程中,许多英语课未达到课程标准和教材设计的要求,主要问题是学生语言行为表达不充分,语言运用能力不强。造成这种现象的主要原因是:教师重自己的"教"轻学生的"学",重"内容目标"轻"行为目标",重"知识目标"轻"技能目标",在时间比例分配、学生训练面与频率、操练到交际的练习层次上都无法达到课程标准的要求。按照"英语教学行为结构"指引,可以使备课从教师过分注重自己的"教"转变为自觉关注学生如何"学",这就是备课的重点。

第二,设计活动。英国心理学家格特诺(Caleb Gattegno)曾说过:"Tell me and I forget. Teach me and I remember. Involve me and I learn."一堂成功的外语课就是要看教师是否让学生置身于运用语言环境中去。"教学行为结构"要求教师准备一池水,并把每一名学生"拉下水",让学生在语言表达活动中学习,"用语言做事情"是语言交际的真谛所在。

第三,教学反思的参照。按照以上的备课规划和活动设计,课堂教学反思有了明确的科学参照。教学反思是教师与互联网教学共同成长的有效途径,实现理性的自我评价是质量监控体系的重要内容。反思主要是看是否促进了学生积极主动地发展。在互联网背景下,课堂教学反思主要从以下几方面的转变来衡量教学:关注内容目标→关注行为目标;看教师如何说→看学生如何作为;教教材→用教材;关注优秀生→关注全体;个别提问→交际互动、小组讨论、两两对话;互动频率→互动面。

四、采用多元化的评价手段

评价的多样性包括评价主体的多元化、评价方式的多元化和评价内容的多元化。

(一)评价主体的多元化

采用内部评价与外部评价相结合的方式,评价主体主要是学校、教师、学生、家长,也包括教育行政部门及其相关机构。按照评价主体构成,教育行政部门对学校英语课程实施进行评价,学校对授课教师教学情况进行评价,教师对学生学习情况进行评价。对学生的评价重点放在学生的自我的纵向比较上,把学生的学习态度和进步作为评价的主要标准,真正体现"以生为本"的评价理念。

▼

（二）评价方式的多元化

终结性评价和过程性评价是现在普遍采用的方式，需要指出的是这两种方法应结合起来使用。终结性评价不能只看考试分数，必须由过去单一的考试成绩评价改为多元评价，即参考学生学习表现、作业情况、课堂行为表达、课外活动参与情况、个性发展等多种因素进行综合评价。评价方式的多样化还可以更加开放，除了纸笔、等级的评价方式，学生可以采取各种自己喜欢的形式反映自己的学习成果。

（三）评价内容的多元化

对学生外语听、说、读、写技能的评价，是仅仅在课堂还是可以更宽泛？这的确是新时期英语教育工作者不能回避的新问题。中国英语教育多年追求的一种社会氛围已经形成。过去大学英语专业的学生才能看到的原版电影，现在可任意欣赏，广播、报纸、戏剧、各类英语活动渗透到社会生活的方方面面。而我们今天的教学单一化已经适应不了社会的发展，也脱离了学生生活实际，形成了极不相称的反差。如果说英语教学不能只停留在教知识、记结构、背单词的低级阶段，那么教学评价是否也要改革，以适应社会发展的要求？社会越进步，越迫使我们改进方法，追求新的变革可能是大学外语教学评价必须思考的新问题。

（四）学生的多元化与学习出口的统一化

学生的多元化是指学习能力、学习风格、思维品质、发展水平、经验积累等方面的差异，就学习外语而言，学生的多元化还表现在家庭背景和文化背景的差异、社会经济差异、方言差异等方面。这些差异对学习英语的影响在学生身上一定会产生不同的反映，而英语教学的唯一出口表现形式就是考试，鲜活的语言在考试中变异，富有个性的语言在考试中变成了统一的试题。为了追求更为有效的教学效果，英语教师必须了解学生存在差异的表现形式，并将这些因素纳入教学评价的考虑范畴。

第四节 移动互联网支持下多元化教学评价体系的构建

一、大学英语课程评价体系的构建

（一）大学英语课程评价的理念

当前,大学英语课程的主流精神在于以学生为本,即以学生作为主体,通过将学生的学习积极性调动起来,促进学生的主动学习,进而推进学生的和谐全面发展。具体而言,大学英语课程评价需要注意如下几个层面。

1. 主体性

大学英语课程长期存在"费时低效"的情况,其根本原因在于大学英语课程教学过分重视教授,而忽视了学习,对于标准化与一体化教学过分看重,未重视学生的个体化差异。在移动互联网支持下,大学英语课程需要考虑学生的情感与认知因素,允许学生对自己的学习内容进行自行选择,可能全部承担或者部分承担自身学习的前期准备、实际学习以及学习效果监控与评价等责任,让学生在学习与评价过程中形成一种监控意识。

2. 交互性

每一名学生都是一个完整的整体,教师与学生的工作目标是不同的,但是彼此之间也不是孤立的状态。教师和学生都是社会互动中的一部分,并且只有融入整个社会体系之中,才能将各自的效能发挥出来。大学英语学习本身属于一种社会性活动,对大学英语教学模式的探索必然与教师与学生相关,并且师生之间的互动也是大学英语课程的核心。师生互动对教学活动的质量起着决定性的作用,并且师生之间的交互模式也对他们各自的角色起着决定性的作用。在这期间,学生从被动地听课角色变成学习活动的计划者、对自己学习过程的调控者、对自己学习结果的评价者的身份。教师的角色也发生了改变,从之前的知识的播种者转变成课堂活动的组织者、教学活动的研究者、学生学习的指导者的身份。

3.情感性

外语学习不仅是一个语言认知的过程,还是一个情感交流的过程。当师生围绕着教材展开教学活动的时候,教师、教材与学生之间不仅是在传递信息,还是在交流情感。大学英语课程在高等院校中,被视作传承异域文化的价值观念、实践成果等的中介。在大学英语课程发展中,培养积极的情感是非常重要的。在移动互联网支持下的大学英语课程改革中,情感、态度、价值观需要引起教师与其他学者的关注。学生对英语学习的情感不仅能够激发学生学习的兴趣,还能够感受到英语学习的快乐,是一种丰富的内心体验过程。

(二)大学英语课程评价存在的问题

1.大学英语课程评价的效度很低

在大学英语课程评价中,评价效度低是一个首要的问题。大学英语课程的评价效度是对大学英语课程目标实现程度的测量。一般来说,出现评价效度低的原因有很多,具体分析如下。

第一,很多人混淆了大学英语课程评价与大学英语教学评价。本书将二者区分开来进行分析。并且,很多学校也用教学评价取代课程评价。但需要指明的是,所有为实现大学英语教学目标的因素都可以被认为是大学英语课程评价的内容,而教学显然是其中的一部分而已。其他因素如教学管理因素、教学组织因素、教师队伍因素等也是其评价的一部分。因此,仅仅从教学评价上去定义课程评价,显然是不准确的。

第二,在教学评价环节,无论是对教师教授的评价,还是对学生学习的评价,由于评价主体的价值取向、主观意识层面的问题,再加上评价工具的局限性,导致评价的效度很低。虽然形成性评价不断受到人们的重视,但是还未形成一套可靠的模式。并且,学生对教师的评价也被认为是存在很多问题的,很多学生不满意的是评价工具的制订与自己无关,教师怀疑的是学生是否有评价自己教学的能力等,是否能够做到公平公正。

2. 大学英语课程评价的价值功能薄弱

大学英语课程评价的价值主要体现在大学英语课程目标的实现程度上。众所周知,任何一种评价模式都有与之相匹配的评价目标,如CIPP模式认为评价不应该仅限于实现评价目标,而应该为课程角色提供借鉴。评价的价值取向对于评价结果的运用起着决定性的作用。因此,在考虑评价到底是什么? 谁可以来进行评价? 如何展开合理有效的评价? 等问题之前,大学英语课程评价主体需要明确为什么要展开评价,即其目标取向到底是什么? 大学英语课程评价效度较低恰好反映了教学组织者、教学管理者、教学实施者、教学接受者对大学英语课程评价的主体、载体等层面存在困惑甚至矛盾。

另外,大学英语课程评价的价值功能薄弱还表现在评价反馈机制不健全。对于评价产生的数据缺乏专业分析,尤其是未从宏观层面进行把控。以学生对教师教授的评价为例,由于学生是评价的主体,教师的教学行为为载体,其评价的目标在于帮助教师改进教学,提升教师的教学质量,更好地满足学生的需求,从而真正实现教学相长。但是在具体的实践过程中,以学评教是很难实现目标的。因为很多的以学评教都是采用的终结性评价的形式,即学生对教师的评价往往发生在课程教学结束之后,教师得到的评价往往通过期末考试展现出来,这对于当前的需求而言比较落后。

另外,以学评教所评价的指标是由教学管理部分制订的,即我们所谓的教务处,并不是由大学英语教学的直接管理部分决定,因此很难将学生的实际需求体现出来,因此导致学生评教的结果大打折扣。

(三)移动互联网支持下大学英语课程评价体系的构建

1. 明确大学英语课程评价体系的要素

《大学英语教学指南》中指出,大学英语课程建设与评价必须依据《大学英语教学指南》的要求,并从教学作用、教学意义等角度出发,对大学英语的价值功能展开描述,为大学英语课程评价体系构建提供依据和参考。从《大学英语教学指南》中可以看出,大学英语课程评价主要涉及三个层面的问题。第一,大学英语对于提升学生的语言知识、语言能力、综合语言素质的成效如何? 第二,大学英语课程作为一种公共基础课程,是如何将人才培养作用落到实处的? 第三,大学英语课程从多大程度上为高校的办学目标、人才培养目标服务。

在高等教育中,大学英语课程评价应该将组织领导、条件保障等因素包含在内,因为这些因素同教师的教学类似,对大学英语课程的价值实现起着决定性的作用。虽然评价的维度存在差别,但都是统一于大学英语课程的价值功能实现情况的评价。表6-1为大学英语课程评价体系要素。

表6-1 大学英语课程评价体系要素

评价指标	价值载体	评价维度	评价主体
目标体系	评价目标	(1)各评价主体设定的评价目标的合理性程度 (2)评价目标调整的合理性程度 (3)不同评价主体的评价目标之间的一致性程度	外部为主 内部为辅
保障体系	支持条件	(1)师资准入与选聘、培训、职业规划与发展,教科研能力及成果教材选用,教学硬、软件设备,专项资金投入 (2)政策支持与改革机制 (3)备课、听课、质量监控、教学大纲修订、教学档案管理等规章制度	外部为主 内部为辅
监控体系	质量监测	(1)教师的教学效果 (2)学生的学习效果	外部为主 内部为辅
反馈体系	持续改进	(1)评价数据和资料的分析 (2)评价结果的利用	外部为主 内部为辅

(资料来源:周家春,2018)

就评价范围上说,评价指标对大学英语课程评价的效度起着决定性的作用。就内容上说,价值载体对单向维度评价效果起着决定性的作用。就评价主体来看,具体的评价都需要内部评价主体、外部评价主体根据主次形式进行参照。一般来说,个人(教师、学生)、组织(教学委员会、教学督导、教务处等)属于学校内部评价主体。由于教师与学生既有评价主体的身份,又有价值载体的身份,并且评价结果直接关系到双方的利益,因此必然会产生消极现象。在组织主体上,由于评价与自身工作成效相关,如果评价制度保障缺乏,评价主体没有积极性,那么评价能力、评价意识等也会出现明显的缺失。

另外,评价主体的目标往往在教学过程的各个环节都存在,但是对于其他指标评价,明显缺乏主体意识。这样就导致大学英语课程评价是狭义的评价手段,是对教学进行的评价,而不是对整个课程的评价。因此,大学英语课程评价体系的建立,需要考虑两个层面。

第一,要将评价主体的积极性调动起来,培养他们的评判能力。

第二,将外部评价主体适时引入,如第三方评价机构等。

2.完善大学英语课程评价体系的运行机制

完善大学英语课程评价体系的运行机制,是将各个要素间的关系、各个要素间的制约因素明确的重要层面,是大学英语课程评价体系调节的过程,具体如图 6-2 所示。大学英语课程评价体系的运行机制可以使评价活动更为有序,并且能够将内在活力与应变能力予以加强。图 6-2 表明了大学英语课程评价体系的改革要素之间的关系脉络,但是大学英语课程评价体系的运行机制的发挥,需要将行政—计划、监督—服务、指导—服务等各个层面综合运用,实现各个要素之间的协调。

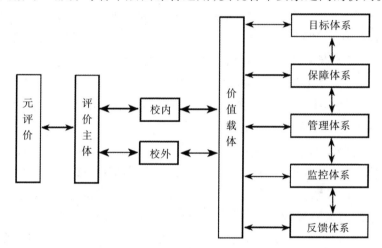

图 6-2　大学英语评价体系运行机制

(资料来源:周家春,2018)

二、大学英语教学评价体系的优化

(一)大学英语教学评价的指标

1.评价指标设计的原则

指标就是能反映评价目标某一本质属性的具体的可测的行为化的

评价准则。对英语课堂教学的评价指标设计必须能反映外语教育目标的本质要求。大学英语教学评价的指标设计应采取行为化测量法,即通过学生英语语言行为表现推测内在结构的思想方法。所有指标都是外显的行为,评价就是从外显行为推测其内部结构。这类评价指标设计应遵循以下几个原则。

(1)有效性原则:所设计的指标能反映目标的本质要求,目标的本质要求能在指标系统中找到。

(2)可测性原则:不能测量的不叫指标,可用经典量度。

(3)要素性原则:抓住主要因素就行了,不要面面俱到。

2.教学评价的指标要素

(1)三定二中心

所谓"三定",指的是教师从教学材料的特点、内容出发,对本次课的达标层次位置进行设定,然后分析各个目标层次可能需要用到的时间,然后考虑课堂评价的内容,对课堂展开定性的评价与分析。

所谓"二中心",指的是课堂要以学生的活动为主体,同时教学任务主要是培养学生的能力。显然,这一原则是为了真正地适应学习,并且也为学生的学习提供了时间与空间。

(2)知识再现

受当前考试题型的影响,当前的英语教学训练主要是选择题的形式。这样做导致仅仅给学生提供对正确答案进行辨认的过程,是处于智慧技能的初级阶段,对比现代的英语教学来说,是相对比较远的。因此,在课堂训练中,一定要避免这种形式,从多种活动出发考虑,体现出学生以往所学的知识,并能够在具体的实践中运用。因此,在大学英语教学评价中,教师尽量少用或者在日常训练中不要用选择题,否则学生的训练只能获得较低的水平。

(3)目标层次活动定位

各层次活动设计各有要求,设计与目标层次相适应的课堂活动体现了科学性。目标分层多指把一节课分为各目标层次,但也可把一篇课文的教学分成几个侧重的层次,即在定量时根据进度侧重某几个层次,绝不是一节课只一个层次,原则是每节课至少保证达到第三层次的要求,下节课则侧重第四层次。另外,也可采用一条主线串层次的策略。

（4）优化配置各类活动

大学英语课堂有很多的活动,但是当前的课堂活动出现了多而乱的情况,一些本身梯度不够或者不同梯度的活动顺序出现了颠倒的情况,这就明显需要对课堂活动进行优化配置。要想对其进行合理的配置,需要做到如下几点。

第一,活动层次梯度应该明显。

第二,梯度要与学生的认知规律相符。

第三,让全体同学都能够参与其中。

第四,要设置多种多样的活动形式。

第五,对活动的时间进行合理的调整与反馈。

（二）移动互联网支持下大学英语教学评价方法的创新

1. 自主评价

（1）结合具体任务

自我评价要结合具体的任务进行,如针对听力、口语、阅读、写作方面的某一具体任务的完成情况来进行自我评价。比如,在写作课教学中,为了让学生进行循序渐进的训练,教师可以让学生进行 contolled writing。具体实施步骤为让学生用某章的重点词组来造句,慢慢发展成一段文章（充分发挥自己的想象力）、互批造句（利用批改符号）、把错句加以改正,给自己一个评价。这样做目的是提高学生用英语思维及活用单词、短语、句型的能力,为进一步写作打下良好的基础。此项活动每周可以进行一次。教师指导学生对第一稿进行自评、他评、修改,即可以得到一篇比较好的短文,虽然仍有点小错。这么一个自我评价的过程下来,使学生短文写作能力得到一定的提升。当然,作文中存在着些许错误,可让学生讨论并改正,这也是自我评价的一种形式。当找出错误后,教师应有针对性地进行评解,纠正错误。几乎每单元都可以采用这种方法。活动结束后,学生可以根据互批和教师批改进行自我反思和评价,把自身存在的知识缺陷及时弥补,达到成句、成篇的写作目的。[①]

[①]　陈勇.新课程有效教学疑难问题操作性解读 高中英语 [M].北京:教育出版社,2008.

（2）制订反思内容

反思内容最好以表格形式呈现，并且要结合具体的任务来设计。可采用自我反思表的形式，如表6-2所示。

表6-2　关于听力的自我反思表 [①]

学生姓名_____	填表日期_____
本人认真回顾了从_____月_____日到_____月_____日早自习时间我的听力情况，我共听_____次，我的收获少。	
1. 在听力习惯和能力方面，我的进步主要体现在：	
2. 我觉得取得以上进步的原因主要是：	
3. 在听力过程中，我还有需要改进或克服的问题(听的习惯、语音、语调、句型、非智力因素等)：	
4. 老师、同学或家长的建议：	
5. 我想说的话：	

（3）自我评价

学生对自己应该有一个评价，可以用优、良、中、差进行等级评价。当然，也可以考虑按照一定比例进入终结性评价，只是这不是教师个人所能决定的，需要全校教师、学生、家长的综合参与和民主讨论后做出决定。在教与学的过程中，学生不仅是被评价的对象，而且是评价的参与者。自我客观评价可以提高学生学习的主动性和积极性，促进学生对自己学习进行反思，并帮助学生掌握评估技术，增加教师的评估信息。这一点是确信无疑的。难的是教师在教学实践中如何实施学生的自我评价。有效地让学生进行自我评价，实际上完善了教师的评价工作。而完善的内容比起让教师来做，能更加有效地促进学生的学业发展。

2. 成长记录评价

要实行学生学业成绩与成长记录相结合的综合评价方式，一些教师感到困惑的是在操作中所出现的问题。例如，在英语教学中该如何建立和使用成长记录？使用的效果怎样？成长记录，是根据教育教学目标，有意识地将学生的相关作品及其他有关证据收集起来，通过合理地分析与解释，反映学生在学习与发展过程中的优势与不足，反映学生在达到目标过程中付出的努力与进步，并通过学生的自我反思激励学生取得更

[①] 王哲. 互联网环境时代背景下的初中英语教育形态 [M]. 哈尔滨：黑龙江教育出版社，2013.

高的成就的一种记录方式。成长记录的基本成分是学生作品,学生作品的收集是有目的的,教师要重视学生在成长记录创建和使用过程中的参与,尤其是学生的自主评价和反思。

（1）成长记录的建立

成长记录作为一种典型的质性评价方式,主要用于教师的课堂评价实践。英语学科的成长记录可以按照听、说、读、写分门别类,根据教学需要来设计。阅读和写作是英语学习过程中最需要量的积累和结构训练的。下面以阅读和写作为例,提供两个案例,如表6-3、表6-4所示。①

表6-3　阅读成长记录

Name: _____	Class: _____	Date: _____
《　　　》经__版,类别: _____	字数: _____	Time spent in reading: _____ (min)
The manin iden of the passage		
The new words I have learnt		
The phrases I have learnt		
The good sentenese I enjoy		
每周自我评价和反思 From_____to_____		
Passages read in a week: _____	Reading speed: _____ wpm	
Progress and reasonts		
Disadvantages		
Suggestions to teacher		

---

① 王哲.互联网环境时代背景下的初中英语教育形态[M].哈尔滨:黑龙江教育出版社,2013.

表6-4　写作成长记录

Name:	Class:	Dale:	The number of compasitions:＿＿＿per week			
Types of writing(√)	应用文	记叙文	议论文	说明文	图表式	造句
Approaches to solwing the porblems						
Teacher'scomment						
Classmates comment						
Self comment						

（2）成长记录的运用

①每名学生都要有记录。每名学生都需要有成长记录。不过不同学生应建立符合自己特点的成长记录,关注其英语薄弱面的学习过程,随时发现问题、解决问题。建立成长记录可以按照知识模块,也可以按照内容专题,由教师和学生根据学习内容的特点来确定。

②成长记录电子化。成长记录需要搜集大量的文本资料和非文本资料。利用先进的设备(扫描仪等)把本来属于非文本的材料电子化、图像化,使查询、展示和反馈更方便,还可以节约大量的空间。一名学生一个电子文件夹,方便快捷。

③成长记录与学业成绩相结合。成长记录合理使用,能提高学业成绩。学生在学习过程中,如态度积极,对于教师的指导认真对待,能自主查漏补缺,有切实可行的学习计划和措施,并且对于学业中所出现的问题能够及时纠正,且会有明显的进步。成长记录与学业成绩的结合主要体现在学分认定过程中。也就是说,学分认定要包括"纸笔测验＋平时作业＋课堂表现＋成长记录"。教师要关注学生的过程性学习,关注他们的每一次作业、每一篇作文、每一次测验,关注他们的每一点进步,给他们一个公平的学分。成长记录是对学生学习情况的有目的的收集,它能展示学生在一个或多个领域的努力、进步和成果。学生成长记录是评估他们学习努力程度、进步程度、学习过程及结果的依据,也是学生对自己学习过程反思的见证。在成长记录的创建与使用中,学生自我评价和自我反思是最重要的环节。

值得注意的是,建立学生成长记录需要师生双方长期的不懈坚持和努力,尤其是起始阶段,需要教师的引导和督促。也就是说,教师需要有意识地提醒学生明确搜集材料的目的,定期进行成长记录的更新,展开学生之间的交流,甚至争取家长的支持,以便相互借鉴、共同提高。相信随着时间的推移,成长记录会成为教与学的珍贵的第一手资料。

3.档案袋评价

档案袋是一种可以很好地满足学生个性化英语学习需求的自主评价辅导资源。档案袋内容条目应与课程标准的总体描述相符合,同时要考虑教学的阶段性目标与近期目标。下面仅从听、说、读、写四方面条目的制订来探讨档案袋评价在英语学习评价中的应用。

①指导学生在档案袋中做好学习记录。

听:

能否听懂教师的教学指令:____

能否听懂同伴的交流语:____

听音练习时间:____分 / 天

听音材料所涉及的话题:____

完成听音指令的比率:____

说:

上课的发言次数:____

教师的评语:____

同学们的反映:____

完成课堂活动情况:____

在与同学完成任务中承担的角色、所起的作用:____

你学习的话题:____

你能用这些话题完成的任务:____

读:

阅读量:____字 / 天

阅读速度:____字 / 分

阅读的准确率:____

能否概括出段意:____

生词积累数:____

写:

自拟题写作情况(题目、词数、关键词):____

阶段反思:____

②指导学生选择放入档案袋中的作品。

听：

你最喜欢的听音材料：＿＿＿＿

你最骄傲的听音结果：＿＿＿＿

说：

你最骄傲的课堂表现记录：＿＿＿＿

你得到的嘉奖证明：＿＿＿＿

读：

你最喜欢的作品：＿＿＿＿

你最感兴趣的作品：＿＿＿＿

你最骄傲的作品：＿＿＿＿

写：

修改前的作品：＿＿＿＿

修改后的作品：＿＿＿＿

最骄傲的作品：＿＿＿＿

最不满意的作品：＿＿＿＿

其他：＿＿＿＿

学生档案袋中记录的学生学习情况能帮助教师了解学生学习的整体概况，从而做出教育决策。档案袋的评价标准是与为学生们设定的目标直接相关的，是为了评价档案袋的目的是否与学生作品相符合，从而将这个计划与当前学校使用的评估过程及方法结合起来。学习档案资料的收集可以穿插于教师使用的其他评价活动中，并且通过与其他评价活动的交互过程发挥作用。

第七章 "管云端"时代教师专业化发展的方向与路径

　　尽管现在的教学倡导以学生为中心,但并没有否定教师的引导作用,在英语教学中,教师依然发挥着重要作用。英语教师的专业能力决定了其能否正确地引导学生进行语言学习,培养出具有世界格局的中国人且造福于民。可见,英语教师的专业能力发展对英语教学以及学生的发展都起着重要作用。目前,大学英语教师专业发展问题是信息时代学者们关注的重点话题之一。基于移动互联网的背景,大学英语教师需要通过多种途径来提升自身的教学能力。换言之,在"管云端"时代背景下,大学英语教师的专业发展备受瞩目。为此,本章就针对"管云端"时代教师专业化发展的方向与路径进行分析。

第一节　大学英语教师专业发展相关内涵解析

一、教师专业发展的内涵

　　教师职业是一种专门职业,每一位教师都面临着专业发展的问题。在讨论英语教师专业发展的理念和实践之前,有必要对一些基本概念有一个明确的认识。

　　专业化:专业化是一个社会学概念,其含义是指一个普通的职业群体在一定时期内,逐渐符合专业标准、成为专门职业并获得相应的专业地位的过程。

　　教师专业化:教师专业化更多是从社会学角度考虑的,主要强调教师群体的、外在的专业提升。霍利(Holye)把教师专业化界定为两方面的内容：一是关注一门职业成为专门职业并获得应有的专业地位的过程；二是关注教学的品质、职业内部的合作方式，教学人员如何将其知识技能和工作职责结合起来，整合到同事关系以及与其服务对象的契约和伦理关系所形成的情景中。

教师专业发展：教师专业发展更多是从教育学维度界定的，主要指教师个体的、内在的专业化提高。教师专业发展是教师个体专业不断发展的过程，是教师不断接受新知识、增长专业能力的过程。

从教师专业化运动的历史来看，教师专业化有两个目标：一是争取教师职业地位的提升，力求得到全社会对教师专业的认可；二是提高教师的教学能力，以达到专业化水平。但从根本上讲，提高教师的专业化水平应该是专业化的首要目标。这是因为没有专业化水平的教师就不可能有高质量的教育，不能为社会提供优质的服务，只靠罢工和谈判是难以赢得社会的认可并享有较高的社会地位的。为了赢得和维护教师职业的专业地位，应该把提高教师的专业化水平放在第一位。可以说，教师专业发展是提高教师职业地位的基础。就个体而言，教师专业发展伴随着教师职业生涯的始终。要成为教师，首先应达到入职的专业化标准，需要具备普通文化知识、所教学科的专门知识和教育学科知识，以及基本的教育教学能力。入职以后，会不断面临各种新问题、遇到各种新挑战，这就要求教师不断扩大知识范围、增强专业知识、及时更新教育理念、不断提高教学能力。

到目前为止，教师专业发展在一些国家主要通过教师教育机构和校本教师培训得以实现，美国还独具特色地开设了专业发展学校。教师教育机构是指师范院校或综合大学里的教育学院，承担着教师职前培养和在职教师的专业发展培训，如学位课程和其他长时间的非学位课程。校本教师培训（school-based teacher training）是指根据学校教学的需要确定培训内容，把中小学教师集中起来，由教师机构或大学教师进行培训。专业发展学校（professional development school）是大学与公立中小学之间合作的一种新形式，一般由一所大学与附近学区的一所或几所中小学建立合作关系，不仅为大学提供教育研究的试验学校或示范学校，也为教师提供专业发展的机会。

在我国，教师教育机构对教师专业发展起到了积极的推动作用，无论在教师职前培养还是入职后的继续教育方面都做出了贡献。师范院校一直承担着培养师范生的任务。随着教育改革的深化，师范院校和一些综合性大学越来越多地承担起教师继续教育和在职培训的工作,如教育硕士、研究生等学位教育,新课程中小学教师培训、农村中小学教师培训等项目。第八次基础教育课程改革开始以来,以校为本的中小学教师专业发展蓬勃开展起来。以校为本的教师专业发展强调自觉、反思、研究和合作。傅建明(2007)把中小学教师专业发展分为七种模型:基于"教历"的教师发展、基于"研究"的教师发展、基于"自主"的教师发展、基于"教学反思"的教师发展、基于"教学合作"的教师发展、基于"同伴互助"的教师发展和基于"专业引领"的教师发展。以校为本的中小学教师专业发展途径解决了多数中小学教师不能脱产学习的难题,同时,能够更大范围地满足教师提高专业素质的需求,更有针对性地为教师专业发展提供支持。

无论教师专业发展采取什么途径和方法,其根本目的都是提高教师的教学水平。高水平的教学建立在坚实的专业知识和教育学科知识基础之上,因此学习学科教学的知识和技能是教师专业发展的重要组成部分。在这方面,师范院校教师可以起到积极的促进作用。

二、教师专业发展对大学英语教师的要求

当今世界,科学、技术、经济、环境等影响人类生活的各个领域都不断地发生着变化,使教育面临着令人困扰的各种问题和挑战。教师只有追求专业发展,才能在充满挑战的工作环境中生存和发展。教师专业发展对参与师范教育的高校教师提出了更高的要求。

教师专业发展对大学英语教师具有双重含义:一层含义是大学英语教师追求自身的专业发展,另一层含义是为中小学及其他中高等专门学校英语教师的专业发展提供服务,从而促进教师队伍整体的专业发展。但二者是密切联系的。教师专业包括学科专业和教育专业,教师专业发展就是教师通过学科和教育两领域专业知识的增长和更新以及教育教学技能和能力的提高而成为学科和教育两方面的专家。大学英语教师的专业发展包括在英语语言知识和运用能力方面的不断丰富和提高、在个人研究方向(如语言学、英美文学、翻译、英语教学论)的知识深化更新和对该领域最前沿知识的掌握,以及在所教课程的教法和教育知识方面的提高。

由于高校教师的专业素质对高等教育质量具有重大影响,是培养优

秀人才的一个重要条件,因此高校教师自身的专业发展对推动其他各级学校英语教师的专业发展也具有积极作用。中小学教师的专业发展包括不断学习和更新学科知识、探索学科教法和掌握满足时代要求的教育知识。高校教师站在学科和教育知识的最前沿,有责任为在校师范生和接受继续教育的中小学教师提供服务,以促进他们了解学科和教育的最新知识。因此,参与教师教育的高校教师必须了解基础教育改革的目标和要求,了解课程目标,了解中小学教师的需求。唯有这样,才有可能为基础教育提供有价值的服务。

中小学教师中有一种观点,即大学是一个务虚的地方,中小学是务实的地方。之所以这样认为,是因为高校教师虽然掌握较多的学科知识和教育教学理论,但对中小学教学实践缺乏经验,所提出的观点和方法有时令中小学教师感到有道理但不实用。高校教师如果想在教师专业发展过程中发挥实实在在的作用,就必须深入当今课程改革第一线,进入中小学进行调查研究。从事师范教育的大学教师需要对我国的基础教育有更多的了解,需要了解中小学师资状况,了解中小学的管理机制,了解基础教育者的教育理念等。只有深入调查研究,才能发现问题,从而使自己的教学和研究工作更具有针对性,使自己成为解决问题型的研究者和教育者,而不是空谈家。高校教师如果缺乏对我国基础教育的了解,而只是一味地赞赏和极力推广国外的某些教育教学理论和方法,就不可能提出令一线教师信服的教育教学观点和方法。在赞赏某种理论和方法的时候,一定要分析它成功的本质,并清楚地认识它成功的条件。比如,谈到对任务型教学法的运用,我们要认识到它的本质就是给学生创造使用目的语的机会,让学生边学边用,边用边学。至于教学过程中哪个环节上花费更多的精力和时间则因人而异,英语基础好的学生稍一接触新语言材料就能很快地进入完成任务的环节,而英语基础差的学生则需要用更多的精力和时间来学习完成任务所需要的语言。所以,我们不能说运用任务型教学就一定要把任务放在首位而不进行语言操练。

第二节 移动互联网支持下大学英语教师的专业角色

一、网络学习指导者和促进者

在移动互联网支持下,学生的学习方式发生了改变,从传统的接受学习转向自主学习、探究学习,这就需要教师也转变自身的角色,从知识的传授者转向学生学习的指导者。这是教师角色转变的跨越。也就是说,过去教师仅作为知识传授者的身份,是知识的唯一拥有者。现在,学生可以从多个渠道获取知识,因此教师不再是单独的知识拥有者,这就要求他们转变角色来促进学生的学习,具体要求做到如下几点。

第一,辅助学生对学习目标进行确定,并分析如何达成目标。

第二,辅助学生养成良好的学习习惯,对学习策略进行把握。

第三,为学生创设良好的学习环境,激发学生的学习动机与积极性。

第四,服务于学生的学习。

第五,为学生营造宽容、和谐的学习氛围。

第六,与学生一起探索真理,并承认自己存在的一些失误。

在移动互联网支持下,随着科技的迅猛发展,知识增长的速度越来越快,学生在校期间学得的知识随着时间的推移很可能已经过时了,人们在大学阶段也不可能掌握所有的知识,因此需要不断进行终身学习,这就要求教师教授学生终身学习的能力,让他们学会自主学习。

二、信息资源的查询者和设计者

教学资源涉及教师、学生、教学媒介、教学内容等层面,是一个复杂的系统。要想提升教学的效果,就必须从教学设计原理出发,科学地设计教学资源与过程。在移动互联网支持下,教师应该学会运用信息技术手段,为学生创设良好的学习情境,使自身从知识传授者的角色转向教学信息的制作、加工与处理的角色。为了让学生能够主动探索与建构意义,教师在教学中应该为学生提供各种学习资源,而要想设计这些信息资源,就需要教师提升自身的信息素养,即将技术与教学资源紧密融合。另外,教师还要学会运用教学课件,包括制作网络课件脚本,帮助教育技术人员制作。可见,对教学信息加以浏览下载等,能够帮助学生的自主学习。

三、移动互联网课程研制者

长久以来,我国教师在课程改革中充当执行者的角色。移动互联网支持下的大学英语课程改革要求生成动态、开放的课程,并且以学生生活为中心,这样的课程就不仅仅是文本类课程(即包含教学大纲、教学计划等在内的课程),而是一种体验类的课程,即教师与学生都需要进行体验。简单理解,移动互联网支持下的大学英语课程不仅仅是知识的载体,还是师生共同探求知识的过程。教师与课程相结合,成为课程的研制者,教学也不仅仅是计划的执行者,而是课程内容的生成者、转化者、意义建构者。在这种新的理念下,教师的创造空间逐渐扩大。

在课程研制中,教师主要承担如下几点任务。

第一,教育部门颁布的教学计划、课程标准往往比较抽象,是宏观层面的标准,因此不能直接进入课堂之中,教师需要将这些教学计划、课程标准等具体化、细化才可以。

第二,学校承担着一定的课程开发责任,而在这之中,教师往往是主要的承担者。

第三,教师需要对课程进行评价,教学计划是否真正地实现了可靠性,是否与课程目标的要求相符,是否能够使学生的学习兴趣和积极性调动起来,都是教师作为课程研制者需要做的工作。

四、移动互联网教育研究者

作为研究者,教师在具体的实践中遇到新问题之后,就需要对这些新的问题进行研究,从而找寻具体的答案。

教师的教学研究可以使课程、教师、教学融合在一起。我国的大学英语教学改革要求对课程功能进行调整,对课程结构加以优化,对课程内容进行更新,对教学方式进行变革,对课程管理模式加以更换等。移动互联网支持下的大学英语教学不仅改变了学生的学习生活,也改变了教师的生活。在移动互联网支持下,教师要对大学英语课程进行充分的接受与理解,并不断对其中的问题加以改革与完善,这些都需要教师自己的主动探究,尤其是校本课程,更需要教师深入探究,这样才能真正地落到实处。教师的教育研究还有助于推进教师的专业化发展,从而不断提升他们的素质与能力,提升教师的价值观与学习乐趣。教师也真正成为有能力、有思想的实践主体。教师主要在第一线工作,因此他们获得的资料也是鲜活的资料,教师的教育研究主要是在实践层面展开的,可以对教学内容加以丰富与充实。

第三节 移动互联网支持下大学英语教师的基本素质

教师在教学中培养学生的语言能力和跨文化交际能力,就要向学生传授语言知识,发展学生的语言能力,提高学生的跨文化意识,培养学生的跨文化交际能力。而这也对教师的专业水平和教学能力提出了较高的要求,要求教师具备一定的跨文化教学能力,具体包含以下几个方面。

一、教材评估、选择和使用能力

教师的教学要以教材为依据,因此教师要具备对教材评估、选择和使用的能力。具体而言,教师应从跨文化角度出发来评价和选择相应的教材,能够根据教学需要合理地选用其他教学材料,并保证教学材料的真实性,能够根据具体教学情况和学生学习情况对教材进行调整和改编,从而达到跨文化交际教学的目标。

二、跨文化课堂教学能力

跨文化课堂教学是大学英语教学跨文化转型的重要途径,也是培养学生跨文化交际能力的重要环节,因此教师应具备有效开展跨文化课堂教学的能力。首先,教师应对学生进行分析,了解学生对目的语文化的态度,了解学生对目的语文化知识掌握的程度;能够针对具体的教学环境、不同的教学目标和基本教学原则选择教学内容、选择教学方法、设计教学活动。其次,在教学过程中,教师要客观地看待教学,将教学视为动态的过程,积极鼓励学生参与教学活动,确保师生、生生主动地交流。最后,具体到语言文化教学,教师应适应教学的素质要求,合理运用语言文化教学方法,帮助学生掌握文化知识,比较不同文化之间的差异,避免学生在跨文化交际中出现失误。

三、课外学习与实践的组织和指导能力

课堂活动是课堂教学的延伸与补充,二者紧密相关、相辅相成。教师除了要在课堂上做学生的引导者和帮助者,也要做学生课外文化学习的组织者和指导者,鼓励学生积极参与课外学习和实践,扩充接触知识的途径,扩大文化知识的积累。通过对学生课外学习与实践的组织和指导,教师要能够帮助学生丰富文化知识,提高文化能力,使学生可以与来自不同文化的人们顺利进行交际;教师要能够激发学生学习文化知识的兴趣和欲望,帮助学生梳理本族文化和他族文化之间的关系,使学生树立正确的价值意识。

四、现代信息技术使用能力

现代信息技术的快速发展以及在教育领域的广泛使用,对教学产生了巨大且积极的影响作用。在跨文化教学中,教师应充分利用现代信息技术来丰富学生的文化知识,提升学生的跨文化意识,培养学生的跨文化交际能力。教师应根据教学和学生的需要,合理运用现代化信息技术创设跨文化交际语境,为学生提供实践的机会,有效开展跨文化教学。简单来讲,在瞬息万变的社会发展中,教师不仅要懂得语言文化知识和技能,还要紧跟时代发展的步伐,合理使用现代化信息技术,将信息技术与教学相结合,优化教学环境,提高教学效果。具体而言,教师在现代信息技术使用方面应具备以下能力。

首先,教师应具备基本的信息技术知识,对信息技术与语言教学的整合有系统的理解,能够使用常用的办公软件,能够利用PPT制作。此外,教师应具备扎实的信息技术应用能力,能在教学中选择和合理地运用信息技术,并将信息技术与教学相整合,包括将信息技术用于课程准

备、课程设置、课程管理等方面,能够将信息技术、信息资源和课程内容有机结合起来,高效完成教学任务。其次,教师应成为网络资源的探索者和研究者,成为促使学生有效进行网络学习的帮助者,帮助学生恰当地借助信息技术和网络资源进行语言文化学习。最后,教师应通过便利、交互的网络环境进行学术交流和学习,提升自己的专业能力,促进自身不断发展。具体到教学实践中,教师应有效运用信息技术组织教学和管理教学。在课前结合教学内容和网络资源制作各种课件,然后将课件、教学计划和安排发布到网上,方便学生预习。课堂上充分利用多媒体和网络资源,激发学生的学习积极性,促进学生互动,使学生吸收和内化课堂知识。教师还应利用信息技术将课堂教学伸至课外,通过E-mail、QQ、微信等聊天工具与学生、家长进行课外沟通,做好教学反馈,完善教学体系。

　　总体而言,信息技术教学的开展有赖于教师的努力和负责,在教学过程中,教师首先要掌握信息技术知识和技能,然后精心指导学生丰富知识、进行学习实践。

第四节　移动互联网支持下大学英语教师专业发展的创新路径

一、实施校本教研,建构校本教研制度

　　建立学习型学校,是推进校本教研制度建设的基本前提和重要任务。学习型学校是指通过培养弥漫于整个学校组织的学习气氛、充分发挥学校成员的创造性的能力而建立起来的基础性组织。教师个人的自我反思、教师集体的同伴互助、专业研究人员的专业引领是开展校本书和促进教师专业化成长的三种基本力量,缺一不可。

　　(一)正确实施校本教研

　　大力推动校本教研必须大胆创新,多策并举,全面推进校本教研的深入开展。

　　第一,努力创建学习型组织,实现教师角色转变,使之与新课程共同

成长。建立教师研究课制度,搭建论坛、沙龙、研讨会、课改专栏、教师博客等一系列交流平台,引导教师敢于思辨,正面交锋,立足课堂,催生智慧,营造浓郁的研讨氛围,形成一个个智慧共生的"学习共同体"。结合外语教学的特点,外语教师用英语组织和参与沙龙效果最好。每次一个备课组准备并负责组织,活动内容多样化,有话题辩论、教学法讨论、案例交流、点子帮助等。

第二,积极倡导叙事研究,促进教师自我反思,形成自我构建,转变教学观念和行为。教师每个人都有体现自己失败与成功、反思与飞跃的教学反思等,记录发生在课堂上的故事,这些凝聚自己教育智慧的表达,在教育叙事中提炼的经验,通过相互交流启迪,获得共同发展。

第三,适时进行专业引领,给予科研指导、疑难咨询和教学示范,不断提升教师的理论修养。邀请专家学者来开讲座、参与课题研究、帮助总结经验、建立教学资源库。学校还应注重发挥骨干教师的专业引领作用,使校本教研获得多方智力支撑。

第四,深入开展文化研修,让文化精神和价值追求照亮教师的心扉,使每位教师感受到先进教育理念的文化光辉。学校要关注教师的生存状态和精神追求,在构建共同愿景中重塑教师的职业价值观,实现教师生存状态的升华,提升教师职业生活的品位。

第五,不断推动课题研究,解决本校突出问题,打造学校办学特色,持续提高教育教学质量。课题研究已经成为推进校本教研的重要抓手,成为提高教育质量和教学效益的重要手段,成为提高教师专业水平的重要途径,成为出名校、名教师和改变薄弱学校面貌的重要保证。

以更新观念为先导,以科研兴教为特征,以制度考核为保证,以专题研究为依托,以案例分析为切点,以成果转化为契机,在教育实践中大胆发现课题,积极开展研究。校本教研与课程改革、课题研究、教育实际紧密结合,就能产生积极的效益。

(二)校本教研层次架构

校本教研是一个多结构、多层次、多序列的复杂系统,个体的教师、学科、学校,由于受信息、资源、能力等各个方面的限制,很难将这一系统运转到极致。学校作为其中最基本的一个维度,是校本教研一切活动的出发点和最终归宿,因此应采取层级推进的办法,建立"自下而上"四级教研体系。

以教师个体为主体的"自主研究":倡导"教师人人都是研究者""问题即课题、教学即教研、成长即成果"等理念,鼓励教师在开放自我、与人互动基础之上走"经验 + 反思"的成长之路,形成实践—反思—再实践—再反思的良性循环。教师通过创新性地反思生成教学智慧,提升自己的专业水平。

以学科组为单位的"案例研究":构建教学成员共同体,加强以关注诱发学习活动动力为核心的集体备课;以焦点或问题为导向,关注课堂教学经验,促进教师专业知识和行为技能的发展;通过模拟或随堂听课,开展情境学习,体验课改先进教师的教学方法,从而提升学习者实施新课程和搞好校本教研的能力,促进专业发展。

以教研组为单位的"专题研究":针对本学科教学中的共性问题,结合学科特色围绕某个主题而展开,发挥群体资源优势,交流探究、合作互动,引导教师由经验型向研究型过渡,走上科研型教师的专业成长道路。

以学校为单位的"课题研究":不但可以更好地实施校长的改革理念,针对学校亟待解决的问题和追求的目标,以科研的态度和方法对学校发展进行科学规划,构建科研总课题和子课题,在宏观上给予科学、总体把握,而且可以在同伴互助、常规指导、示范观摩和经验交流等方面发挥重要作用,更好地整合全校的资源,形成雄厚的校本教研力量,有效地解决本校校本教研中普遍性的问题。同时,可以更好地提炼、总结学校的成功经验,物化校本教研成果,推动工作不断向更高阶段发展,此外也更有利于吸收外界营养,吸纳智力支持,更好地实现专业引领。

二、开展行动研究,注重教育实践

近些年来,行动研究在我国高等院校开始得以重点发展,特别对教师教育形成了专业教育的主要途径。人们开始学习行动研究的基本原则、研究步骤,了解行动研究的做法,关注和尊重他人的调查。根据行动研究结果,人们可以阐明评估项目的可行性研究,提出改进教师专业发展活动的实施方案,最终达到教师持续专业发展的长远目标。当今行动研究不仅用于教师的专业教育,而且在教育管理和组织研究、社会工作和其他专业背景等均有所研究。

　　行动研究是被越来越多的从业人员采用的一种方法,这种方法能够监督人们的生活和环境。在国内,行动研究最初由北京师范大学王蔷教授进行研究并且取得了显著成果,其专著《英语教师行动研究——从理论到实践》的出版不但从理论上阐述了行动研究对英语教师发展的重要指导意义,而且从实践的角度介绍了教师如何在自己的课堂上开展行动研究。目前,在我国的教育教学和教师教育改革中,行动研究已经成为一个备受关注的课题,正逐步成为实现教师专业化发展的重要途径之一,我国广大教育工作者也逐渐地理解和接受并践行这一理论,尤其是对现阶段大学英语教师的发展方向产生了一定的影响。

　　我国学者普遍认同,行动研究是一种以教育实践工作者为主体进行的研究,以自己在实践中所发现的问题来进一步改进教育实践。

　　卡尔霍恩(Calhoun E. F.)提出了"行动研究循环"方法,具体包括选择一个领域或感兴趣的问题,收集数据,组织数据,分析和解释数据并采取行动(图 7-1)。

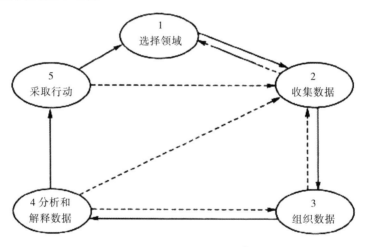

图 7-1　行动研究循环 [①]

　　我们应该知道,行动研究有着不同的方法,但它是一种真正的科学探究的方法。尽管诸种定义表述各异,常常发生分歧,但有关行动研究所强调的精神却是一致的,即强调行动研究的重点是:如何做? 谁来做? 为什么? 可能的结果是什么? 同时,行动研究者则一致认为,行动

[①] 　孔繁霞.行动研究与教师专业发展:大学英语教师方向[M].南京:东南大学出版社,2013.

研究是基于一定的原则的,是以解决现实中的具体问题为目标。

我们可以从以下几方面帮助教师自我发展。

（1）提高在教学环境下对教育与教学理论原理知识的认识。

（2）提高教师与教师、学生与教师、教师与管理人员合作的重要性的认识。

（3）通过教师发起的行动研究开展课程。

（4）提倡教师进行反思性教学和自我评价。

（5）提高教师在行动研究中的角色意识。

以行动研究这一新的方式进行工作,可能会优于大多数教师之前的工作方式,这更符合教师发展的希望。教师们生活在他们的价值取向中,尽管可能仍然有很长的路要走。虽然教师们已经解决了一个个问题,但其他的问题可能已经出现,教师们需要注意,也许在解决一个问题的同时,没有预料到的其他问题已经出现了。这是无止境的,也是自然发展的实践准则,更是进行行动研究的乐趣之处,因为问题是永远存在的。

参考文献

[1] 布鲁姆等. 教育评价 [M]. 邱渊等译. 上海：华东师范大学出版社，1987.

[2] 蔡基刚. 中国大学英语教学路在何方 [M]. 上海：上海交通大学出版社，2012.

[3] 蔡先金等. 大数据时代的大学：e 课程 e 教学 e 管理 [M]. 济南：山东人民出版社，2015.

[4] 陈俊森，樊葳葳，钟华. 跨文化交际与外语教学 [M]. 武汉：华中科技大学出版社，2006.

[5] 崔长青. 英语写作技巧 [M]. 北京：中国书籍出版社，2010.

[6] 崔刚，孔宪遂. 英语教学十六讲 [M]. 北京：清华大学出版社，2009.

[7] 樊永仙. 英语教学理论探讨与实践应用 [M]. 北京：冶金工业出版社，2009.

[8] 何广铿. 英语教学法教程：理论与实践 [M]. 广州：暨南大学出版社，2011.

[9] 何少庆. 英语教学策略理论与实践应用 [M]. 杭州：浙江大学出版社，2010.

[10] 胡文仲. 高校基础英语教学 [M]. 北京：外语教学与研究出版社，2006.

[11] 贾冠杰. 英语教学基础理论 [M]. 上海：上海外语教育出版社，2010.

[12] 姜涛. 大学英语写作教学理论与实践 [M]. 长春：吉林出版集团有限责任公司，2009.

[13] 剧锦霞，倪娜，于晓红. 大学英语教学法新论 [M]. 北京：中国书籍出版社，2013.

[14] 康莉. 跨文化视角下的大学英语教学: 困境与突破 [M]. 北京: 中国社会科学出版社, 2014.

[15] 柯清超. 超越与变革: 翻转课堂与项目学习 [M]. 北京: 高等教育出版社, 2016.

[16] 科林·比尔德, 约翰·威尔逊. 体验式学习的力量 [M]. 黄荣华译. 广州: 中山大学出版社, 2003.

[17] 黎茂昌, 潘景丽. 新课程小学英语教学理论与实践 [M]. 成都: 四川大学出版社, 2011.

[18] 李莉文. 英语写作教学与思辨能力培养研究 [M]. 北京: 外语教学与研究出版社, 2011.

[19] 李鑫. 英语教学的理论与实践 [M]. 北京: 知识产权出版社, 2012.

[20] 李雁冰. 课程评价论 [M]. 上海: 上海教育出版社, 2002.

[21] 林新事. 英语课程与教学研究 [M]. 杭州: 浙江大学出版社, 2008.

[22] 刘尔思. 大学生体验式学习 [M]. 昆明: 云南大学出版社, 2011.

[23] 刘润清, 韩宝成. 语言测试和它的方法 [M]. 2 版. 北京: 外语教学与研究出版社, 1991.

[24] 鲁子问, 王笃勤. 新编英语教学论 [M]. 武汉: 华中师范大学出版社, 2006.

[25] 罗少茜. 英语课堂教学形成性评估研究 [M]. 北京: 外语教学与研究出版社, 2003.

[26] 庞维国. 自主学习——学与教的原理和策略 [M]. 上海: 华东师范大学出版社, 2003.

[27] 任美琴. 中学英语有效教学的一种实践模型 [M]. 宁波: 宁波出版社, 2012.

[28] 任庆梅. 英语听力教学 [M]. 北京: 外语教学与研究出版社, 2011.

[29] 孙慧敏, 李晓文. 翻转课堂, 我们在路上 [M]. 杭州: 浙江大学出版社, 2018.

[30] 孙启美. 信息化的教育技术与模式 [M]. 长春: 吉林人民出版社, 2004.

[31] 王笃勤 . 小学英语教学策略 [M]. 北京：北京师范大学出版社，2010.

[32] 王琦 . 信息技术环境下的外语教学研究 [M]. 北京：中国社会科学出版社，2006.

[33] 王森林，肖水来 . 商务英语翻译 [M]. 武汉：武汉大学出版社，2013.

[34] 王素荣 . 教育信息化：理论与方法 [M]. 北京：社会科学文献出版社，2006.

[35] 王亚盛，丛迎九 . 微课程设计制作与翻转课堂教学应用 [M]. 北京：机械工业出版社，2015.

[36] 武尊民 . 英语测试的理论与实践 [M]. 北京：外语教学与研究出版社，2002.

[37] 邢新影 . 大学英语口语教学理论与实践 [M]. 长春：吉林出版集团有限责任公司，2009.

[38] 严明 . 大学英语自主学习能力培养模式研究：体验的视角 [M]. 哈尔滨：黑龙江大学出版社，2009.

[39] 严明 . 跨文化交际理论研究 [M]. 哈尔滨：黑龙江大学出版社，2009.

[40] 于永昌，刘宇，王冠乔 . 大数据时代的教育 [M]. 北京：北京师范大学出版社，2015.

[41] 战德臣等 .MOOC+SPOCs+ 翻转课堂：大学教育教学改革新模式 [M]. 北京：高等教育出版社，2018.

[42] 张豪锋 . 教育信息化与教师专业发展 [M]. 北京：科学出版社，2008.

[43] 郑茗元，汪莹 . 网络环境与大学英语课程的整合化教学模式概论 [M]. 北京：中国水利水电出版社，2015.

[44] 钟玉芹 . 大学英语混合式教学探究 [M]. 北京：电子工业出版社，2017.

[45] 周文娟 . 大数据时代外语教育理念与方法的探索与发现 [M]. 上海：上海交通大学出版社，2014.

[46] 朱鑫茂 . 简明当代英语语音 [M]. 北京：外语教学与研究出版社，2003.

[47] 祝智庭,沈书生,顾小清.实用教育技术 [M].北京:教育科学出版社,2008.

[48] 禹明,郑秉捷,肖坤.中学英语教学评价 [M].成都:四川教育出版社,2008.

[49] 王哲.互联网环境时代背景下的初中英语教育形态 [M].哈尔滨:黑龙江教育出版社,2013.

[50] 徐斌艳.教师专业发展的多元途径[M].上海:上海教育出版社,2008.

[51] 孔繁霞.行动研究与教师专业发展:高校英语教师方向 [M].南京:东南大学出版社,2013.

[52] 梦红.ESP 框架下应用型本科院校高校英语教学模式研究 [M].长春:吉林大学出版社,2015.

[53] 崔冬梅.翻转课堂视域下的大学英语教学状况研究 [D].吉林:辽宁师范大学,2015.

[54] 郭琬.微课的应用及其开发研究——以初中语文为例 [D].西安:陕西师范大学,2015.

[55] 黄兰.微课在初中课堂教学中应用的现状分析与对策研究 [D].宁波:浙江师范大学,2015.

[56] 李莉莉.跨文化交际中的非语言行为 [D].黑龙江:黑龙江大学,2004.

[57] 闵婕.思维导图在高中英语阅读教学中的应用研究 [D].聊城:聊城大学,2017.

[58] 潘清华.微课在中职英语教学中的应用 [D].济南:山东师范大学,2016.

[59] 齐婉萍."微课"在高中语文教学中的运用 [D].哈尔滨:哈尔滨师范大学,2015.

[60] 王曼琪."慕课"教学模式评析及实施建议 [D].呼和浩特:内蒙古师范大学,2015.

[61] 赵富春.大学英语口语探究式教学研究 [D].南京:南京航空航天大学,2010.

[62] 陈宏.第二语言能力结构研究回顾 [J].世界汉语教学,1996,（2）.

[63] 陈新汉.自我评价活动论纲 [J].北京师范大学学报(社会科学

版),2007,(1).

[64] 邓道宣,江世勇.略论中学英语语法教学的原则与方法 [J]. 外国语文论丛,2018,(12).

[65] 高频.多媒体和网络环境下大学英语词汇教学改革初探 [J]. 凯里学院学报,2008,(2).

[66] 郭淑英,赵琼.大学英语自主学习学生自我评估调查研究 [J]. 黄石理工学院学报,2008,(1).

[67] 胡铁生,黄明燕,李民.我国微课发展的三个阶段及其启示 [J]. 远程教育杂志,2013,(4).

[68] 胡铁生.微课:区域教育信息资源发展的新趋势 [J]. 电化教育研究,2011,(10).

[69] 霍玉秀.基于"项目式学习"模式与学生综合能力的培养 [J]. 语文学刊·外语教育教学,2013,(11).

[70] 焦建利.微课及其应用与影响 [J]. 中小学信息技术,2014,(4).

[71] 黎加厚.微课的含义与发展 [J]. 中小学信息技术,2013,(4).

[72] 李松林,李文林.教学活动理论的系统考察与方法论反思 [J]. 外国中小学教育,2008,(1).

[73] 梁为.基于虚拟环境的体验式网络学习空间设计与实现 [J]. 中国电化教育,2014,(3).

[74] 刘红霞,赵蔚等.基于"微课"本体特征的教学行为涉及与实践反思 [J]. 现代教育技术,2014,(2).

[75] 刘卉.大学英语文化教学中阅读圈教学模式的构建与探索 [J]. 教育现代化,2018,(45).

[76] 刘卉.英语文化教学中阅读圈教学模式的构建与探索 [J]. 教育现代化,2018,(45).

[77] 刘建达.学生英文写作能力的自我评估 [J]. 现代外语,2002,(3).

[78] 刘俊玲,曾薇.慕课在高校英语教学中的应用研究 [J]. 课程研究,2016,(5).

[79] 刘梦雪.通过自我评估训练促进自主式英语学习的实证研究 [J]. 疯狂英语(教师版),2009,(4).

[80] 刘艳晖.多媒体网络环境下的英语词汇教学 [J]. 湖南第一师范学报,2009,(2).

[81] 欧阳日辉.从"+互联网"到"互联网+"——技术革命如何孕育新型经济社会形态[J].人民论坛·学术前沿,2015,(10).

[82] 彭睿.大学英语听力水平影响因素及对策[J].安阳工学院学报,2019,(1).

[83] 邵敏.大学英语听力教学实践与研究[J].课程教育研究,2018,(48).

[84] 沈彩芬,程东元.网络多媒体环境下的外语教学特征及其原则[J].外语电化教学,2008,(3).

[85] 宋艳玲,孟昭鹏,闫雅娟.从认知负荷视角探究翻转课程唐——兼及翻转课堂的典型模式分析[J].远程教育杂志,2014,(1).

[86] 苏小兵,管珏琪,钱冬明,祝智庭.微课概念辨析及其教学应用研究[J].中国电化教育,2014,(330).

[87] 隋志娟.高职英语混合式教学模式研究[J].中国教育学刊,2014,(12).

[88] 滕星.教学评价若干理论问题探究[J].民族教育研究,1991,(2).

[89] 汪晓东,张晨婧仔."翻转课堂"在大学教学中的应用研究——以教育技术学专业英语课程为例[J].现代教育技术,2013,(8).

[90] 王广新.微课设计与制作的理论与实践[J].远程教育杂志,2014,(6).

[91] 王珏.基于慕课环境的大学英语翻译教学[J].湖北函授大学学报,2016,(18).

[92] 王蕊.建构主义理论视角下英文影片字幕翻译策略[J].东西南北,2020,(11).

[93] 魏亚琴.新课程下学生评价方式的变革——浅谈表现性评价[J].辽宁教育行政学院学报,2004,(110).

[94] 吴菲菲,居雯霞,殷炜淇.语域顺应与小说对话翻译的研究——以《傲慢与偏见》人物对话为例[J].上海商学院学报,2011,12(S1).

[95] 夏兴宜.运用图式理论提高商务英语翻译的水平[J].科教文汇(中旬刊),2011,(1).

[96] 肖亮荣,俞真.论计算机网络技术给大学英语教学带来的机遇和挑战[J].外语研究,2002,(5).

[97] 谢大滔.体验式教学在大学英语自主学习学习中的应用[J].教

育探索,2012,(9).

[98] 杨惠元.课堂教学评估的作用、原则和方法 [J]. 汉语学习,2004,(5).

[9] 尹苗苗."互联网＋教育"在我国的发展历程探析 [J]. 文教资料,2016,(16).

[100] 曾春花.网络多媒体辅助下的英语语法教学探究 [J]. 福建广播电视大学学报,2015,(4).

[101] 张长明,仲伟合.论功能翻译理论在法律翻译中的适用性 [J].语言与翻译,2005,(3).

[102] 张楠楠.基于慕课时代的大学英语课堂教学模式探索与研究 [J].科技创新导报,2014,(36).

[103] 张平.客观认识当前互联网形势 [J]. 群言,2014,(2).

[104] 张忠魁.电影配音在口语教学中的尝试 [J]. 上海工程技术大学教育研究,2012,(2).

[105] 赵蜻宏.慕课对大学英语写作课堂教学的影响 [J]. 科技教育,2016,(2).

[106]郑小军,张霞.微课的六点质疑及回应 [J]. 现代远程教育研究,2014,(2).

[107] 朱艳华.通过自我评估培养非英语专业大学生自主学习能力 [J]. 黑龙江教育学院学报,2009,(8).

[108]AlFally, I. The role of some selected psychological and personality traits of the rater in the accuracy of self-and peer assessment [J].*System*,2004,(3).

[109]B. Tuckman. *Evaluating Instructional Programs*[M]. Boston：Allyn & Bason Inc.,1979.

[110]Berwick, R. Need assessment in language programming: from theory to practice[A]. *The Second Language Curriculum*[C]. In R.K. Johnson（ed.）. Cambridge：Cambridge University Press,1989.

[111]Cook, S.& Burns, A. Integrating Grammar in Adult TESOL Classroom[J]. *Applied Linguistics*,2008,(3).

[112]Harmer, J. *The Practice of English Language Teaching*[M]. London：Longman,1990.

[113]K. Montgomery. *Authentic Assessment：A Guide for*

Elementary Teachers[M]. Beijing: China Light Industry Press, 2004.

[114]Larsen-Freeman, D. *Teaching Language: From Grammar to Grammaring*[M]. Beijing: Foreign Language Teaching and Research Press, 2005.

[115]Lewis, M. *Second Language Vocabulary Acquisition*[M]. Cambridge: Cambridge University Press, 1997.

[116]Perry, P. Professional Development: the Inspectorate in England and Wales[A]. *World Yearbook of Education 1980: Professional Development of Teacher*[C]. Eric Holye & Jacquetta Megarry. London: Kogan Page, 1980.

[117]Richards, J. C. & R. Schmidt. *Longman Dictionary of Language Teaching and Applied Linguistics*[M]. London, UK: Longman, 2002.

[118]Rubin, J. An Overview to "A Guide for the Teaching of Second Language Listening" [A]. *A Guide for the Teaching of Second Language Listening*[C]. D. Mendelsohn & J. Rubin. San Diego, CA: Dominie Press, 1995.

[119]Slavin, R. E. Cooperative learning[J]. *Review of Educational Research*, 1980, (50).

[120]Ur, P. *Grammmar Practice Activities: A Practical Guide for Teachers*[M]. Beijing: Foreign Language Teaching and Research Press, 2009.

[121]Widdowson, H.G. EST in theory and practice[A]. *Explorations in Applied Linguistics*[C]. In H.G. Widdowson (ed.). London: Oxford University Press, 1979.